Lateral Thinking
for Every Day
Extraordinary solutions to ordinary problems

橫向思考

打破慣性，化解日常問題的不凡工具

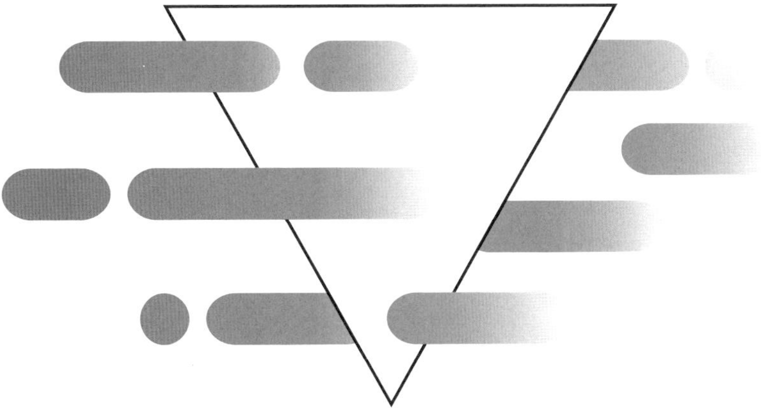

保羅・史隆Paul Sloane——著
陳筱宛——譯

獻給六個樂於助人的橫向思考者，我的孫子女：

托比、傑洛米、瑪德琳、亞瑟、法蘭克，還有威廉。

Contents

Contents

PART 2 歷史案例

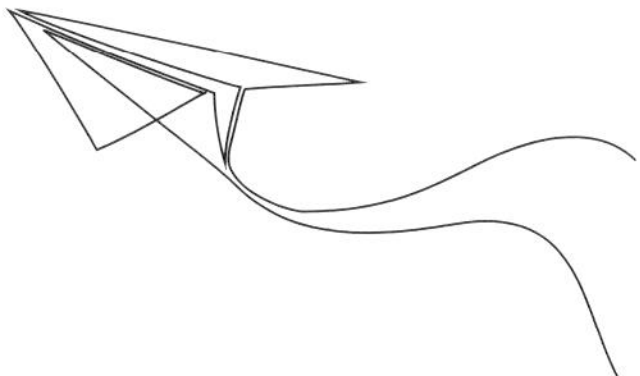

Contents

PART 3 橫向思考工具與讓日常更美好的建議

Contents

PART 4 實用祕訣與讓日常更美好的建議

Contents

Contents

Contents

PART 6
社會中的橫向思考

Contents

前言
為什麼我們需要橫向思考？

橫向思考（水平思考）的定義是，運用間接和創意的方法解決問題，通常是透過不同且獨特的觀點看待問題。

馬爾他醫師愛德華．狄波諾同時也是心理學家、哲學家，他在一九六七年出版的《水平思考法》一書中創造了這個詞。[1]他引用「所羅門的審判」這則聖經故事作爲橫向思考的例子。兩個婦人帶著一名新生兒來到所羅門面前，兩人都聲稱是這孩子的母親。所羅門大膽提議要將嬰兒切成兩半，讓她們平分。他仔細觀察兩人的反應，婦人甲贊成這個做法，但婦人乙卻苦苦哀求他饒過這孩子，願意讓給甲。於是所羅門判斷婦人乙才是眞正的母親。

橫向思考牽涉到刻意採用非傳統的觀點，想出不尋常的點子和對策。狄波諾在

《超競爭》一書中述說福特汽車公司請教他，怎麼做才能在高度競爭的汽車市場中脫穎而出。[2]他建議福特汽車收購一家大型停車場公司，讓它設在各大城市市中心的停車場專供福特車主使用。

這個主意對福特來說太過激進，卻是橫向思考運作的絕佳範例。福特是以汽車工程師的角度思考這問題，狄波諾則是從想在城市中找到停車位的駕駛人這個角度切入問題。

爲什麼我們需要橫向思考？因爲它是開啓創意和創新，並以新穎對策解決各種問題的關鍵。從氣候變遷到咖啡館文化，再到嚇阻罪犯，都是它大展身手的舞台。

那麼，要怎麼做才能駕馭橫向思考的力量，將它應用在日常問題上呢？這正是本書打算回答的問題。你可以使用書中介紹的眾多範例、方法、祕訣和策略，避開顯而易見的答案，找出非比尋常的結果。

本書各章短小精悍，讀來輕鬆，卻包含豐富內容待你仔細理解。書中列舉的例子無論古今，都是我認爲最能充分說明橫向思考每個面向的例證。

我們首先檢視從眾、團體迷思和傳統思維的危險性。接著討論歷史案例、技巧方法、實用訣竅、企業可借鑑的教訓，以及應用在社會上的橫向思考。

如果這本書能引導你以不同方式思考後採取行動，它就成功了。

PART 1
基本認識
THE BASICS

01 什麼是橫向思考？

狄波諾使用「橫向思考」一詞與傳統思考或垂直思考做對比。在傳統思考中，我們會以直接、可預測的方式思考，橫向思考則是從新的方向處理問題——確切來說，是從側面切入問題。

它讓我們對大大小小的問題去設想新的可能性和有創意的解決方案，而這正是創新的基本要素。

狄波諾定義橫向思考有四大主要面向：

1 認清兩極化看法當中的主流想法。

2 尋找看待事物的不同方法。

3 鬆動垂直思考的僵硬控制。

4 善用機緣巧合。

各行各業都有特定的主流想法，這些假設、規則和慣例支撐整個體制，塑造眾人的思維與態度。「地球是平的」「地球是宇宙的中心」就是循著既定思維方式產生的兩極化看法當中的主流想法。一旦特定想法成爲主流，其餘一切都會從這個角度被詮釋成支持主流想法。就好像多疑的人會把別人試圖幫忙當成不懷好意和操縱。陰謀論者會把帶來不便的事實，解釋成背後有陰謀集團的勢力在蓄意操作。

大多數組織都有特定的主流想法，讓他們看待這個世界非黑即白。批評馬車製造者當年認定「汽車是愚蠢的裝置，絕不可能廣受歡迎」這種看法沒眼光，對我們來說輕而易舉，然而，我們也是既定觀念的俘虜。

我們可以運用的一種橫向思考技巧是，寫下適用於我們所處情境的所有主流想法，接著刻意挑戰它們。舉例來說，大型航空公司本來都奉行以下信念：

- 顧客想要高水準的服務。
- 所有航班都必須開票。
- 事先選定座位。
- 透過旅行社販售機票。
- 飛往主要機場，因為那是商務旅客想要的。

後來廉價航空公司打破上述所有規則，創造出一個龐大的全新市場。想要開始運用橫向思考，我們可以刻意顛覆每個假設和主流思想，看看會有什麼結果。

詢問「要是……會怎樣？」也是橫向思考的一種技巧，在幫助我們探索各種可能性的同時，也挑戰既定假設。詢問「要是……會怎樣？」能拓展議題的面向，每個「要是」問題應被推到荒謬的極致。假設我們經營一家收容流浪狗的小型慈善機構，面臨的難題是「要怎麼讓募款收入倍增」，我們提出的「要是」問題可以是：

- 要是只有一名捐款人會怎樣？
- 要是有一千萬名捐款人會怎樣？
- 要是行銷預算沒有上限會怎樣？
- 要是完全沒有行銷預算會怎樣？
- 要是每個人都必須照顧一隻流浪狗一整天會怎樣？
- 要是狗睡在床上，人睡在狗窩裡會怎樣？
- 要是狗會說話會怎樣？

從選定某個難題開始，以個人或小組爲單位，想出幾則眞正啓發思考的「要是」問題。選擇其中一則往下發展，看看它會通往何處。跟隨思路瘋狂遊走，看看會出現什麼。一開始出現的可能是愚蠢的主意，但這些往往會引出翻天覆地的洞見和創新。

有充分的證據顯示，機緣巧合在重大發明和科學發現中扮演關鍵的角色。海因里希．赫茲注意到實驗室另一頭的某些設備出現火花，促使他發現無線電波的傳送。

亞歷山大・弗萊明注意到某個舊培養皿長出可以抵擋細菌的黴，從而發現盤尼西林。威廉・倫琴撥弄陰極射線管時，意外發現了X光。哥倫布在尋找通往印度的航線時，發現了美洲。輝瑞大藥廠開發出一款治療心絞痛的新藥，卻在試驗過程中發現它對男性具有非凡的副作用——他們偶然發現了如今被稱爲威而鋼的藥物。

這些實例的共通之處在於，某人懷著好奇心研究某件事。當不尋常的事物發生時，他們會研究它，看看能如何運用它。

同樣的方法也適用於我們。想要尋找新點子和新的做事方法時，隨機輸入的某個訊息往往能幫助我們。有個非常有效的腦力激盪技巧是，從字典隨機挑出一個名詞，寫下相關的聯想或這個字詞的特質，接著強行配對，找出這個字詞或它的聯想與腦力激盪難題之間的連結。

橫向思考能幫助你變得更擅長解決問題，提出更有創意的發明，並且成爲更有趣的人。它能讓你產生許多新鮮的好點子，而且這麼做樂趣無窮！

02 從眾的危險

亨利．泰弗爾在一九一九年生於波蘭，由於當時波蘭的大學對猶太人入學有人數限制，他年紀輕輕就離開波蘭，前往法國巴黎大學攻讀化學。二戰開打後，他志願加入法軍，後來遭到德軍俘虜。他在戰俘營活了下來，可是當他回到家鄉，發現家人和絕大多數朋友早已在納粹大屠殺中喪命。這件事對泰弗爾產生深遠的影響，促使他畢生致力於研究偏見心理學和群體關係。

戰後他移居英國，並取得英國國籍。他在倫敦大學攻讀心理學，一九六七年成爲布里斯托大學社會心理學系主任，在那裡進行群際關係研究。

當時心理學家普遍認定，極端偏見是極端人格因素的產物，可是泰弗爾不這麼想。他見識過擁護納粹，贊成對猶太人施行殘暴政策的，不光是人格異常者，還包括大量的平凡德國人。納粹主義得到許多德國人的支持，撇開這一點，他們會被認定是普通人。泰弗爾認爲，極端偏見可能是社群運作的結果，而非極端人格的產物。

他在一九七〇年代進行一系列開創性實驗，找來一群當地的男孩，起初，男孩們偏好和住得近的人形成小團體。泰弗爾接著證明，僅僅是把人分成不同的小團體，就足以讓人做出支持自己所屬群體並歧視其他群體的作爲。他發現，光是「分類」本身就能產生衝突和歧視。

演化讓我們渴望成群結隊。我們在支持並保護我們的部落中長大，我們渴望融入群體。成爲社群一員，不但賦予我們歸屬感，也有許多好處。問題是，群體也具備強大的力量，要求成員順從它的觀念、標準和習俗。

所羅門．阿希在一九〇七年誕生於波蘭的猶太家庭，並在一九二〇年全家移民美國。後來阿希成爲羅格斯大學心理系教授，透過一項經典實驗，測試個人對團體規範的從眾行爲。他在一系列試驗中，安排一個不知情的學生來到某個房間，裡頭有七名得到指示的助手。眞正的實驗對象以爲包含自己在內的八個人全都是受試者。接著，他們被要求比較兩張圖片中的直線長度。

房間裡的每個人都必須大聲說出哪條線最像目標線。答案總是非常明顯，但是在某些試驗中，助手們全都說出相同的錯誤答案。真正的實驗對象被安排坐在隊伍的尾端，是最後一個回答的人。有整整七五%的受試者不採用自己親眼看見的證據，而是順從團體中其他人的看法。

阿希發現，人會順從有兩大主要理由：一是他們想要融入群體，二是他們相信群體比自己更了解狀況。

我們支持在地的足球隊，鄙視競爭隊伍。我們加入高爾夫球俱樂部、橋牌俱樂部、扶輪社、教會等團體，遵從群體的規範、觀點和習俗。

我們加入推特、臉書、抖音和領英上的群組，各式各樣的社群網站和創作者理應代表著我們能讀到形形色色的意見，但實際情況卻往往背道而馳。人們活在同溫層中，閱讀強化自己原有觀點、意見和偏見的貼文。這可能導致兩極化，甚至變得極端對立。想想唐納·川普的支持者，儘管所有證據全都擺在眼前，他們依舊認定對手偷走了川普在二〇二〇年美國總統大選的勝利。或者，想想反對接種新冠疫苗者的極端觀點。

我們全都深受從眾力量的折磨，因此格外需要橫向思考。我們必須對其他人習以爲常的假設與看法抱持質疑的態度，並保持思想開明與好奇心。不過這種做法是要付出代價的。橫向思考者時常被視爲異端分子、不合群的人、離經叛道者。但是好處會展現在它解放我們的思維，讓我們找到更好的新點子。我們能擺脫群眾的束縛。

橫向思考者知道顯而易見思維的危險性。他們尋找能免於陷入從眾的方法。他們迴避一望而知的途徑，設法找出更好、但較少人走的路。

03 對抗團體迷思的威脅

團體迷思是妨礙團隊做出有效決策的一種常見障礙。這個詞描述的是，許多人在團隊中會做出差勁的決策，因爲他們試圖達成某種共識，將衝突降至最低。他們在這麼做的過程中，會抑制不同的觀點，迴避爭議性問題，並將自己與外界的影響隔離開來。結果是，他們不會從團體的觀點，認眞考慮其他替代方案。

一九六一年，豬玀灣事件的慘敗是討論團體迷思時經常被提出的實例。甘迺迪政府不加批判地全盤接受美國中央情報局入侵古巴的計畫，他們忽略反對意見和外部主張，還低估了種種障礙。甘迺迪總統從這場災難中學到了教訓。在一九六二年的古巴飛彈危機中，他運用「警覺評估」，刻意避免團體迷思。他邀請外部專家分享他們的觀點，也鼓勵團隊成員發表意見、提出問題、質疑假設。甘迺迪總統刻意缺席某些會議，防止他個人的意見主導了會議方向。

尼克森總統的顧問知道，他在水門事件中提議的行動不僅有風險，而且違法，但是他們不敢反駁他。

馬修·席德在《叛逆者團隊》中提到一個比較新的例子。[3] 他說明中情局如何因團體迷思，而沒有注意到賓拉登的威脅和九一一恐怖攻擊。中情局招募耶魯與哈佛的頂尖畢業生，但其中能說阿拉伯語或信奉伊斯蘭教的人卻少得可憐。中情局雇員非常聰明，可是他們缺乏認知多樣性。他們用同樣的方式思考，無法想像一個住在阿富汗山洞裡的男人，能對美國構成什麼實際威脅。

導致安隆在二〇〇一年垮台、瑞士航空在二〇〇二年破產的會計舞弊，還有福斯汽車在二〇一五年爆發的廢氣排放醜聞，全都被歸咎於團體迷思。在這些案例中，資深高階經理人出於忠誠，參與那些造成大禍的計畫，他們公開支持公司領導人，不願質疑對方。

耶魯大學研究心理學家歐文·賈尼斯在一九七〇年代鑽研團體迷思的現象，他找出多種成因，包括渴望團結、缺乏公正的領導能力、團體成員高度同質性，以及壓力山大的外部威脅。

賈尼斯在其影響深遠的著作《團體迷思》中介紹了八種避免團體迷思的方法：[4]

1. 領導人應指派每個成員擔任「吹毛求疵的評論者」這個角色。這能讓每個成員坦率地表達反對意見和心中疑慮。
2. 領導人分派任務給某個小組時，不應發表個人意見。
3. 領導人應缺席多數的小組會議，避免過度影響結果。
4. 組織應成立數個獨立行事的小組，研究同一個問題。
5. 可行的替代方案全都需要被檢視。
6. 每個成員都應找小組以外的可信任人士，討論小組提出的想法。
7. 小組應邀請外部專家參與會議。應容許小組成員和外部專家進行討論，或質疑其意見。
8. 指派至少一名小組成員擔任「故意唱反調」的角色。每場會議都應由不同人出任這個角色。

團體迷思的無數實例讓我們停下來仔細思考。它壓制橫向思考和不同尋常的替代方案。小組領導人和會議主席可以學習甘迺迪採取的行動和賈尼斯建議的對策，避免團體迷思帶來的災難。

04 反其道而行

想要力求進步時，合情合理的做法是調整並改善現有的系統或產品，但橫向思考者的作爲遠遠不止於此，他們打算反其道而行。

一九三〇年代，全美有兩千名業務員挨家挨戶推銷成套的《大英百科全書》，他們賣的是備受好評的產品，而且佣金豐厚。到了二〇〇〇年，整套百科全書共有三十二冊，書中經仔細研究的條目是由一百位全職編輯和四千名撰稿者合力完成。《大英百科全書》最初是在一七六八年於愛丁堡問世，後來變成世界各地的家庭、學校與辦公室可靠的參考書。但是紙本版在二〇一二年停止發行。爲什麼該公司在兩百四十四年後停止印刷紙本版呢？

因爲這套作品的生產已經變得非常昂貴，而且很難保持內容不斷更新。微軟在一九九〇年代推出一套名為 Encarta 的光碟產品，無論是內容正確性或詳盡度都遠遠不及《大英百科全書》，可是它售價非常低廉，還提供搜尋功能。Encarta 在二〇〇九年停止服務，因為當時一個強大的新競爭者主宰了這個市場——那就是維基百科。

維基百科是吉米．威爾斯和賴瑞．桑格在二〇〇一年創立的免費網路版百科全書。它建構在一個非凡的橫向點子上。他們採用門戶開放政策，允許任何人在其網站上創建和編輯文章。起初，這意味著任何文章都可能包含像是錯誤、偏見、不相干內容等種種不精確，後來才逐漸引進編輯的限制和控制。其內容大多由志願者社群自我監督。到了二〇一九年，維基百科有將近六百萬篇以英文撰寫的文章，還提供三百種其他語言版本。

在這個案例中，昂貴的反義詞並非便宜，而是免費。一百名有薪編輯的相反並非十名有薪編輯，而是成千上萬名無酬編輯。結果催生了一部有生命的作品，持續在更新、改善。

許多人對維基百科起初的運作觀念嗤之以鼻。他們指出，這麼做無法保證任何文章都是不偏不倚或正確的，更別提欠缺可持續的商業模式能將這個網站變現，產生營收。儘管有這些合理（但傳統）的憂慮，維基百科卻不斷蓬勃發展，如今是全球資訊網上最大、也最受歡迎的參考網站。

創新指的是做不同的事。有什麼能比完全相反更加不同呢？假如你現有的計畫與方案行不通，不妨試著反其道而行。

微軟、甲骨文和IBM等所有主要軟體公司的政策都是保護自己的智慧財產權，只有少數忠誠的員工有權限讀取重要軟體的完整原始碼，同時也採取必要措施，確保這些價值不菲的程式設計祕密絕對不會離開自家公司的網站。芬蘭程式設計師林納斯·托瓦茲決定反其道而行。他創建Linux這套作業系統，讓任何人都能查看並修改原始碼。這代表任何人都能實際擁有並更改這套軟體。就算控制並非完全不可能，也很難做到，但是他並不擔心，因爲這麼做也會發動一波自由創造與創新的浪潮。他做與業界所有要角相反的事，創造出開放原始碼運動。

電影《大藝術家》贏得二〇一二年奧斯卡最佳影片獎項。這是一部默片，導演刻意顚覆傳統拍電影的手法，以黑白畫面拍攝，全片沒有大明星、電腦輔助場景，甚至沒有口說對白。

法國高山滑雪好手尚克勞德・基利想在冬季奧運摘金，但是靠傳統方法無法達成這個目標，因此他決定反其道而行。每個人都被教導在滑降時要併攏滑雪板，讓身體重心前傾。但是他自創了一種彎曲雙膝的新招式，需要保持滑雪板打開、身體往後坐在上頭的姿勢。基利在一九六八年的冬奧奪得三面金牌。

當安妮塔・羅迪克創立美體小舖零售連鎖店時，她做了和主要競爭對手相反的事。他們全都使用昂貴的瓶罐和奢華的包裝呈現自家的香水和洗髮產品，而她採用便宜的塑膠瓶罐和簡單的包裝，強調眞正重要的是產品內容物，品質純淨，成分簡單。

最近的例子則包括Uber，一家不擁有任何一輛計程車的計程車公司。還有Airbnb，一家不擁有任何一間旅館的旅宿企業。還有Turo，一家不擁有任何一輛汽車的租車公司。它們展現與傳統做法完全相反的作爲。

你我全都飽受詐騙郵件轟炸的困擾，那些騙子說我們中了樂透頭獎，或是我們能幫助他們，將數百萬英鎊的巨款從某個無人知曉的銀行帳戶取出花用。傳統的建議是忽略這些電子郵件，但要是我們反其道而行呢？要是我們全都回信，要求對方提供更多細節會怎樣？送出千百萬封電子郵件的詐騙犯將被大量回信淹沒且窮於應付。

看看你現有的方案與策略，想想你的潛在假設。問自己：要是事實恰巧相反會怎樣？別只是考慮不同的事物，不妨更進一步，設想完全相反的選項。

05 打破規則

一九八三年九月二十六日，蘇聯飛彈預警系統ＯＫＯ顯示，有六顆飛彈已經從美國發射，正朝蘇聯飛來。蘇聯軍隊規定，獲知這種警告應立即向莫斯科高層彙報。當時值勤的軍官是空軍中校斯坦尼斯拉夫．彼卓夫，他做了一個重大決定。他判斷這是假警報，無須向莫斯科報告。假如他沒這麼做，蘇聯很可能就會對美國進行報復性核彈攻擊。他推斷美國若想發動攻擊，不可能只發射六枚飛彈。後續結果顯示，蘇聯衛星預警系統出了問題，由於雲層反射一道陽光，造成系統誤判。彼卓夫打破了規則，違反命令，但是他可能拯救了世界，免除一場核戰浩劫。

ＩＢＭ在一九七〇年代主宰了大型主機這個領域，但是規模較小的電腦公司靠著迷你電腦和家用電腦迅速冒出頭。ＩＢＭ要求唐．伊斯崔奇開發價格低廉的個人電腦，與蘋果、雅達利、康懋達等突然發跡的新公司一較高下。當時，IBM透過從電源供應到積體電路，乃至於作業系統的專利設計，對製造握有絕對控制權。伊斯崔奇決定打破所有標準程序，選用公司外部的第三方元件和軟體，甚至更澈底採用「開放架構」。他發表了IBM個人電腦的規格，使得附加設備、硬體與軟體產品的供應商變成一個迅速發展的產業。IBM個人電腦在研發後一年內上架開賣，破了這家大公司產品開發所需時間的紀錄。IBM個人電腦大獲成功，迅速宰制這個市場。

穆罕默德·尤努斯是孟加拉銀行家暨經濟學家，他打破金融業遊戲規則，發展出微型貸款和微型金融的概念。銀行通常只承作數百美元起跳的貸款，只借錢給信用評等良好的人，還會要求貸款人提供若干抵押品作爲擔保。尤努斯的鄉村銀行在一九八三年開始提供無保小額貸款，給太窮而沒有資格取得傳統銀行貸款的企業家。儘管批評者強烈唱衰，但是這個方案大獲成功，貸出數百萬件小額貸款。超過九〇%的貸款對象是女性，違約率則少於三%。尤努斯在二〇〇六年因這項創舉改變了孟加拉和其他發展中國家的社經發展，獲得諾貝爾和平獎肯定。

佛萊迪·墨裘瑞在一九七五年寫出〈波西米亞狂想曲〉，並於同年由皇后樂團發行這首歌。他在一九六〇年代就開始構思這首歌。他寫這首歌並非為了討顧客歡心，也沒有遵循暢銷金曲公式。這首充滿創意的作品是一種自我放縱的音樂表現。它打破了流行音樂單曲發行的所有規則。當時絕大多數的流行歌曲都是簡單且公式化的，但墨裘瑞的這首歌卻是不同風格與節奏的複雜混合體。它共有六個不同段落——極為和諧的無伴奏合唱導奏、敘事歌、吉他獨奏、歌劇諧仿、搖滾頌歌，以及富有旋律性的末樂章。它的歌詞神祕難解且宿命論，講的是殺害某人，整首歌非常長。

當初這首歌被提報給皇后樂團所屬唱片公司ＥＭＩ，希望能以單曲形式發行，卻遭到ＥＭＩ斷然拒絕。這首歌全長五分五十五秒。當時的通則是，廣播電台只播放長度不超過三分半鐘的歌曲。

於是皇后樂團越過ＥＭＩ，直接找上ＤＪ肯尼．艾佛利。他們給他一份錄音檔，條件是他只能播放部分段落。他照辦了。播出的段落增強了聽眾的反應力道和渴望。等到唱片行在接下來的週一上午開門後，大批歌迷湧入想買這張唱片，卻被告知這沒有在賣。ＥＭＩ被迫發行這首曲子，他們宣稱無法播放的這首歌，後來成為該公司最暢銷的單曲之一。這是第一首以相同版本兩度登上排行榜第一名的歌曲——分別在一九七五年首度發行，以及一九九一年墨裘瑞過世後。它在美國賣出超過一百萬張，拿下金唱片的好成績。它出現在一九九二年的電影《反斗智多星》中，這又引發一波全球關注。它在二〇〇二年被金氏世界紀錄選為有史以來英國最賣座單曲。

挑戰慣例是橫向思考的一項重要準則。這代表質疑假設，往往致使橫向思考者打破遊戲規則，甚至違反命令。這顯然是有風險的，不過它偶爾會成就一張暢銷唱片，或拯救這個世界。

06 像個局外人般思考

下面這些人有什麼共通之處？李維・史特勞斯、亨利・福特、雅詩・蘭黛、華德・迪士尼、伊隆・馬斯克、雅莉安娜・哈芬登、謝爾蓋・布林、許子祥（戶戶送創辦人）和揚・庫姆（WhatsApp 創辦人）？他們都是創立成功新事業的知名企業家，也全都是移民或移民子女。

藍道・連恩在《只要做對一次》一書中舉出移民成功創業的許多例子。[5] 佩曼・諾扎德逃離伊朗，在一九九二年來到美國時，他不會說英語，身上只有七百美元。他在舊金山謀得一份販賣昂貴波斯地毯的差事。他的許多顧客都是來自矽谷的富裕成功企業人士。他累積出一張強而有力的人脈網絡。後來他成爲創投家，創立了創投公司 Pear VC。到了二〇二〇年，他名下公司的估值已超過兩百億美元。

書中的另一個例子是張道元，一九八一那年他十八歲，從南韓移民美國，沒有大學文憑、只會說一點點英文的他在咖啡館工作。後來他對時裝產生興趣，便努力存錢，想開一家自己的店。他和妻子張金淑在一九八四年拿出僅僅一萬一千美元的積蓄，在洛杉磯開了一家名爲Fashion 21的服飾店。這家店很成功，他們隨即在其他地點展店，並將公司名稱改爲Forever 21。到了二〇一五年，該公司共有六百家門市和三萬名員工。

企業家聯誼會指出，雖然僅一四%的英國居民是在國外出生，但是成長最快速的英國新創公司當中，四九%的公司有至少一名共同創辦人是在國外出生。[6]

考夫曼基金會指出，超過四〇%的《財星》五百大企業是由移民或其子女創立，超過五〇%的美國十億美元級獨角獸新創公司有至少一名移民創辦人。而且移民創立新公司的可能性，是土生土長本國人的將近兩倍。[7]

根據美國國家政策基金會的一項分析指出，從二〇〇〇年到二〇二〇年間，諾貝爾化學、生醫和物理學獎的美國得主，有三七%是移民。[8]

其他許多研究也得出類似的結果。爲什麼談到創新、發明和創業時，移民的表現會優於本國人呢？主要是因爲馬修．席德所謂的「局外人心態」。移民面臨的是不同的國度與不同的文化，他們並沒有在深植於大多數人心中的假設和信念下長大。由於他們不受正常的參考架構規範，因此有能力質疑現況，並看見新的可能性。他們有能力對照並結合兩種不同的觀點，因爲那就是他們抵達後一直在做的事。

每當我遇見定居異國的人，總會問他們這個問題：「你注意到這個新家鄉的文化中有什麼奇怪或不同之處嗎？」答案往往令人驚奇。我問一個住在葡萄牙的德國商人這個問題，他說：「在德國，假如排定早上九點要開商務會議，九點整，每個人都會到場。在葡萄牙，九點十五分才會有人開始出現。」他還告訴我另外幾個他和他妻子發覺和德國很不一樣的地方。在地人習以爲常的事，移民卻會覺得那有點古怪。

當我們專心投入某個主題、某個行業，或某種生活方式，就會被它的規矩和限制所包圍。我們的思考方式可能因此受限。局外人可以爲這個狀況帶來開放的態度和新鮮的觀點。如果你不是移民，試著像移民般思考。和局外人交往，請他們直言不諱給予意見。或是雇用幾個移民，從他們迥然不同的觀點和想法得到幫助。

07 問愚蠢問題

橫向思考者總是充滿好奇心，他們會問很多問題，聰明的問題、愚蠢的問題、基本的問題、孩子氣的問題。

羅傑．哈格里夫斯的六歲兒子亞當在一九七〇年問他一個問題。那是只有孩子才會問的問題，從來沒有哪個大人會這麼想。亞當問：「爸爸，搔癢長什麼樣子？」

身爲漫畫家的哈格里夫斯畫了一個圓滾滾的橘色團塊，不但有五官，還有軟軟的長手臂。後來，這變成他的第一本書《搔癢先生》的主角。他一開始找不到出版社願意幫他出書，但最終這本處女作不但出版了，還成爲「奇先生妙小姐」系列之首。整個系列叢書總銷量超過九千萬冊，是世界各地孩子們最鍾愛的讀物。

哈格里夫斯原本是倫敦某家廣告公司的創意總監，後來在一九七六年辭去工作，專心創作。他和妻子育有四名子女，可惜在一九八八年因中風病故，享年五十三歲。

他最傑出的創作來自於他傾聽乍聽之下非常傻氣的問題，一則滑稽先生可能會問的問題。但是傻氣的問題能挑戰傳統想法，並促使我們進行橫向思考。

孩子透過問問題學習事物，學生透過問問題學習知識，職場新手透過問問題學習如何工作。展開新工作時，你會問很多問題。提問是最簡單、也最有效的學習方法，但是過不了多久，你可能會停止提問。大多數人隨著年紀漸長、經驗漸多以後，也就愈來愈少提問。橫向思考者從不停止問問題，因為他們知道這是獲得洞見的最佳方法。

《獨立報》有一篇報導指出，孩子每天大約會問父母七十三個問題，其中有許多問題讓父母不知如何回答。[9] 知名獵人頭公司瀚納仕的執行長阿利斯泰爾・考克斯認爲，成人每天大約會問二十個問題。[10] 孩童問問題爲的是認識與理解這世界，不過《獨立報》的那篇文章指出，孩童好奇好問的情形會在四歲達到高峰，接著就慢慢衰退。

艾力克・施密特在擔任Google執行長時曾說過：「我們經營這家公司靠的是問題，而非答案。」他知道假如雇用聰明人，只要能找出對的問題交給他們，他們就會找出聰明的答案。

電視上的神探可倫坡透過提出許多問題，解決他遇見的神祕事件。所有厲害的發明家和科學家都愛問問題。牛頓問：「爲什麼蘋果會從樹上掉下來？」又問：「爲什麼月亮不會掉到地球上？」達爾文問：「爲什麼加拉巴哥群島有這麼多其他地方沒有的物種？」愛因斯坦問：「假如我乘著一束光穿越宇宙，宇宙看起來會是什麼模樣？」提出這些根本問題後，他們才能展開探究，進而得到重大突破。

爲什麼我們會停止問問題呢？有些人認爲自己已經知道所有需要知道的事，因此懶得多問。他們堅信既有想法，對自己的假設深信不疑，然而他們周遭的世界正不斷變化，昨日正確的事，今日未必如此。

有些人害怕問問題會讓他們看起來能力不足、無知、沒有把握，他們希望自己表現得果斷、有自信。但是聰明的領導人知道，提問是堅強、而非軟弱的表現。有些人太忙，以至於不曾停下來問問題，他們急著直接行動，可是他們努力解決的，有可能是錯的問題。

作爲橫向思考者，你得準備好質疑每件事，從非常基本、廣泛的問題開始，接著轉向更具體的方面，以釐清你的想法。你在商業上提出的好問題可能包括：

- 我們想要達成什麼？
- 顧客為什麼購買我們的產品或服務？
- 我們要解決什麼問題？
- 有沒有更好的方法能提供這種服務？

當我們聽到答案，腦海中就會浮現出更多問題。對於每一個回應，我們都可以追問「爲什麼」。有人給出答案時，我們可以問：「爲什麼？」隨著不斷提問，我們對這個議題的理解會更深入，也才能從有創意的對策中得到新的見解。

在群體中追問「要是……會怎樣？」是一種威力強大的橫向思考技巧。它什麼都可以問，而且可以將問題的範圍往極端方向延展，比方：

- 要是只有一名顧客會怎樣？
- 要是有一千萬名顧客會怎樣？
- 要是有無限的行銷預算會怎樣？
- 要是完全沒有行銷預算會怎樣？
- 要是被迪士尼收購會怎樣？
- 要是新執行長是女神卡卡會怎樣？

你可以從這些問題當中任選一個，看看它會帶你走向何方。你將設想出各式各樣的瘋狂點子，其中一個可能會大獲成功。

像孩子般好問。問更多問題，問基本的問題，問聰明的問題，問看似愚蠢的問題，實實在在地挑戰假設。

PART 2
歷史案例
HISTORICAL EXAMPLES

08 轉換跑道的七家公司

彼得．杜拉克有句名言是這麼說的：「每個組織都必須準備好放棄它目前做的每件事。」[11]以下例子是七家成功企業爲了滿足客戶需求，將原本的業務轉換到另一個領域。

蒂芙尼公司於一八三七年由查爾斯．蒂芙尼和約翰．楊在紐約布魯克林創立，起初是一家文具和小飾品專賣店。在一八六二年美國南北戰爭期間，該公司供應劍、旗幟和外科手術器械給聯邦軍。內戰結束後，蒂芙尼的業務集中在珠寶上，如今它以奢侈品和豪華門市享有盛名。**LVMH**集團在二〇二一年斥資一百六十億美元收購了蒂芙尼。

波克夏海瑟威公司起初是一家紡織公司，由奧利佛．查斯於一八三九年在羅德島創立。這家公司歷經多次紡織業界的併購，但是到了一九五〇年代，紡織業務逐漸衰退，規模縮減。年輕的企業家華倫．巴菲特注意到這家公司每收掉一間紡織廠，其股價就會下跌，因而開始買入該公司股票。到了一九六二年，他成爲這家日漸衰敗的紡織公司的大股東。他利用波克夏買下保險公司和其他企業的股份。巴菲特透過巧妙的投資，以令人驚嘆的方式擴展公司業務，波克夏後來成爲全球最大的金融服務企業集團，市值在二〇二二年超過七千億美元。

諾基亞在一八六五年由採礦工程師費德里克．伊德斯坦創立。它起初是一家木漿工廠，坐落於當時仍屬於俄羅斯帝國的芬蘭坦佩雷，在投入電子業之前，它先是轉向生產橡膠靴和電纜，到了一九九〇年代，則專注於通信科技上。它在一九九八年到二〇〇八年間，曾是全球最大的行動電話與智慧型手機供應商，後來市占率卻落後蘋果與三星，之後，它重整旗鼓，調整成爲網路設備製造商。

雅芳由大衛．麥康奈爾在一八八六年於紐約創立。起初，該公司的業務是挨家挨戶推銷圖書。麥康奈爾提供香水試用品作爲圖書銷售的獎勵，但是他很快就發現，市場對香水的需求高過對圖書的需求，他轉而專攻香水與化妝品市場，靠著「雅芳小姐」這支大軍將產品直接賣給顧客，打造出雅芳這個品牌與雅芳帝國。

任天堂是山內房治郎在一八八九年創立的事業，製造日本紙牌遊戲「花札」。它在一九七七年生產該公司第一部遊戲機Color TV-Game，靠著一九八一年的《大金剛》和一九八五年的《超級瑪利歐》等遊戲在國際大獲成功。它持續推出一系列非常成功的遊戲機，包括超級任天堂、Game Boy，還有Wii。

一八九一年，年方二十九的商人小威廉．瑞格利在芝加哥創辦一家公司，販售去漬皂和泡打粉。凡購買一罐泡打粉，就附贈兩片口香糖，結果證明口香糖比泡打粉更受歡迎，於是瑞格利改賣口香糖。箭牌公司如今是全世界最大的口香糖製造商。瑪氏食品在二〇〇八年以兩百三十億美元收購箭牌公司。

玩具公司孩之寶在一九二三年由波蘭猶太人哈森菲爾德三兄弟於羅德島普洛維登斯創立。該公司起初販售零頭布料，後來業務擴展至生產鉛筆盒和學校用品。他們在一九四〇年代開始販賣玩具，第一件大獲成功的玩具是蛋頭先生。該公司如今營業額超過五十億美元，旗下產品包括變形金剛、特種部隊、金剛戰士、微星小超人、菲比小精靈、地產大亨、樂活打擊、扭扭樂，以及彩虹小馬。

綜上所述，啓示很清楚：找出顧客喜歡，你也擅長的事物。如果這意味著你得徹底改變現有的商業模式，就這麼做吧。有時，橫向思考會涉及完全轉向。

09 為什麼專家會否決新想法？

我們總期待科學家、醫師和專家是心胸開闊，樂於接受新想法。可是有許多例子說明，儘管有眞憑實據支持新想法的效力，但是訓練有素的人卻仍舊堅持過時的假設，拒絕接受新想法。

匈牙利醫師暨科學家伊格納茲．塞麥爾維斯在醫院服務時，產褥熱在產科病房很常見，而且往往會致命。塞麥爾維斯當時在維也納綜合醫院的產科門診工作，他發現，由醫師接生的產婦，死亡率是助產士接生的三倍。他還發現，只要負責接生的臨床醫師仔細洗手，就能大幅降低產褥熱的發生率。他在一八四七年提議，醫師和護士都應使用氯化石灰溶液清潔雙手。他的建言冒犯了當時的醫學界，他們否決自己受汙染的雙手可能導致病患死亡的想法。塞麥爾維斯努力對抗毫不留情的攻擊，卻在一八六五年精神崩潰。他的醫院同事將他送進精神病院，他在那裡遭到警衛毒打，失去生命。

他過世幾年後，路易．巴斯德和約瑟夫．李斯特的研究顯示，使用殺菌劑清潔雙手確實能抑制病菌帶來的致命影響，從而證明塞麥爾維斯的見解是正確的。今日，塞麥爾維斯被公認爲無菌手術的先行者，被尊爲「母親的救星」。

艾弗雷德．韋格納是德國氣候學家、地質學家暨氣象學家，因提出「大陸漂移說」而聞名於世。他注意到五大洲的陸塊能像拼圖般互相吻合，因而萌生這個想法。美洲大陸的陸棚能與非洲和歐洲大陸緊密吻合，同樣的，南極洲、澳洲、印度與馬達加斯加可與非洲南部頂端吻合。他分析了大西洋兩岸的岩石種類和化石，發現明顯的相似處。他在一九一二年發表這個理論，主張各大洲曾是彼此相連的陸塊，後來才漂移分開。這個想法遭到當時重要的專業地質學家強烈懷疑和堅決抵制，他們認爲韋格納是局外人。美國石油地質學家協會爲了反對大陸漂移說，還特地舉辦了一場研討會。

韋格納在一九三〇年的格陵蘭遠征途中喪命，享年五十歲。他的大陸漂移說直到一九五〇年代，因古地磁學這門新科學的發現，證實它確實爲眞，才被學界接受。這導引出現今的板塊構造學說。之後，全球定位系統的運用，讓精確測量大陸漂移變得可行。

瑞典醫師暨研究教授佩爾—英格瓦·布倫馬克被推崇爲現代植牙之父。他在二十三歲那年，也就是一九五二年，有個意外的重大發現。當時他正在研究骨髓，他在一項實驗中，將一段鈦金屬植入活兔的腳骨中，過了一段時間之後，他想取出那段金屬，卻發現它已經和兔子的腳骨結合在一起。鈦金屬與骨頭的結合是前所未知的生物調節過程，布倫馬克稱之爲「骨整合」，不過他並未立刻看出它可以怎樣應用。

十一年後，也就是一九六三年，一位牙醫同事邀他會診一位天生顎裂的患者。三十四歲的戈斯塔·拉爾森因天生顎裂，下顎變形，沒有牙齒，無法咀嚼食物，多位牙醫對這個問題都束手無策，布倫馬克建議他們將鈦螺絲植入他的下顎齒槽骨，這麼一來，就能安裝假牙。拉爾森同意這麼做，結果證明整個手術非常成功，鈦植體在拉爾森剩下的四十年人生中運作良好，並未產生不適。

布倫馬克隨後在其他有嚴重牙科問題的患者身上成功進行類似處置。然而牙醫強烈反對這個方法，並尖銳地批評布倫馬克——部分原因是他並非牙醫，而是局外人，他受到許多惡意的個人批評。一九七四年，一群憤怒的牙醫向瑞典國家衛生委員會請願，要求禁止所有涉及骨整合的醫療處置。委員會調查後發現，布倫馬克的治療非常有效且安全。

最終，牙醫被說服，植牙變成標準處置。布倫馬克因爲對牙科和公共衛生的貢獻，贏得許多獎項和遲來的認可。

很奇怪，教育程度最高的人往往最抗拒新想法。彷彿他們一旦學會某套方法或採用某種理論，它就變成正統，他們不願看見它遭受質疑。

在橫向思考者非正統的想法廣爲眾人接受前，時常得蒙受批評，甚至奚落。

10 起飛、墜毀、改進

保羅．麥克里迪是航空工程師，也是橫向思考者，他發明了第一架人力飛機。麥克里迪生於美國康乃狄克州一個醫師家庭，從小就對工程學和飛機很著迷。十五歲那年，他在一項全美模型製作比賽中獲勝。他說：「我向來是班上年紀最小的孩子，也不是運動神經很好的那種類型。因此，我開始接觸模型飛機，投入比賽和創造新事物時，我從中得到的心理效益，可能遠比其他典型學校事務多得多。」

麥克里迪在二戰期間受訓擔任美國海軍飛行員。他擁有耶魯大學物理學學士學位，以及加州理工學院航空學博士學位。他在一九五一年創立他的第一家公司「氣象研究」，承攬大氣研究專案。他是運用飛機研究天氣現象的先驅。

他是優秀的滑翔機飛行員，曾在一九四八年到一九五三年間，三度贏得全美滑翔大賽冠軍，在一九五六年奪得世界滑翔錦標賽冠軍。他是發明家，創造出一種裝置，能依照不同條件，爲滑翔機飛行員找出最有效率的速度選擇，至今仍廣爲使用。

他在一九七〇年代投資某項事業失敗，欠下十萬美元的負債，這驅使他參加克雷默大賽，這項競賽提供獎金給第一架人力飛行器。

克雷默獎由英國實業家亨利．克雷默於一九五九年設立，它承諾提供五萬英鎊獎金給第一組成功駕駛人力飛機，飛完總長一．六公里、包括幾個特定高度指標8字航道的人。早期的人試著用木頭打造人力飛機，結果證明它太重。有些團隊運用彈弓來發射飛行器。還有幾支英國隊伍雖然能達成距離要求，卻難以控制飛行器按照路線飛行。十八年來，無人拿下這項大獎。

麥克里迪和彼得．李薩曼從不同角度看待這項挑戰。他們想出一種非正統的設計，命名爲「遊絲神鷹號」。它以滑翔翼爲原型，加上一塊非常巨大的機翼面積，下方則有搭載飛行員的吊艙。它的特點是，在機身前方有一種叫做「前翼」的新穎控制機制。這架飛行器是用輕質塑膠、腳踏車零件和鋁質翼梁打造而成，它能靠人力起飛。

遊絲神鷹號在開發過程中歷經多次墜機，因而設計成容易改造與維修。在某個階段，機尾襟翼是靠著黏貼一張卡片在上頭來做調整。其間歷經了許許多多的演變。

最終在一九七七年八月二十三日，這架由布萊恩．艾倫駕駛的飛機在加州沙夫特機場空中停留了七分鐘，完成英國皇家航空學會規定的8字航道。他們拿下了大獎。

遊絲神鷹號現被收藏在美國國家航太博物館。

後來，克雷默又進一步提供十萬英鎊獎金，給成功駕駛人力飛機橫越英吉利海峽的第一人。麥克里迪接受了這項挑戰。他在一九七九年打造出遊絲神鷹號的改良版「遊絲信天翁號」，成功從英國飛到法國，順利贏得第二座克雷默獎。麥克里迪還因爲遊絲信天翁號的設計與建造，獲頒科利爾獎，這項年度大獎表彰美國航空學領域的卓越成就。

他在一九七一年創立「航空環境」這家公開發行公司，專攻無人機的開發。它打造出第一架以氫燃料電池爲動力的飛機——「全球觀察者」。接著，他設計並建造太陽能飛機，比如「遊絲企鵝號」和「太陽挑戰者」。他與美國太空總署合力開發太陽能飛機，與通用汽車合作設計太陽能汽車。

他在一九八五年爲史密森尼學會製作一隻二分之一大小的風神翼龍仿製品，這隻遙控飛行爬蟲動物的翼展達五．五公尺，在馬里蘭州一場飛行表演墜毀之前，成功飛行過好幾回。他也幫忙贊助日產丹普西／麥克里迪大賽，獎勵競速自行車技術與更快的人力交通工具的創新。麥克里迪在二〇〇七年死於黑色素瘤。

橫向思考者可以麥克里迪的座右銘爲借鑑：起飛、墜毀、改進。其他參賽選手耗費多年，設計建造精密複雜的飛機都未能贏得大獎，麥克里迪的團隊卻在短短幾個月內勝出。他們的成功祕訣部分可歸功於採用快速反饋循環：他們起飛、墜毀，接著改造飛機。

失敗是意料中事，是拿來做爲學習和改進的著手之處。初次學騎腳踏車時，我們會預期自己將跌倒好幾次。即使擁護正向思維的力量，我們也不該只想著成功，應當期望實驗會失敗，接著在每次挫敗後調整改進。

另一個教訓是：貼近地面飛行。麥克里迪的飛機和飛行員之所以能安全墜地，是因爲他們的飛行高度從不高過四．五公尺。記得將你的實驗設計成能安全地失敗。

11 我們需要聆聽反向思考者的意見

第五代蘭斯敦侯爵亨利・查爾斯・基思・佩蒂—菲茨莫里斯是傑出的英國政治家，在自由黨和保守黨政府中均擔任重要的高階職務。他曾出任加拿大第五任總督、印度總督、陸軍大臣，以及外交大臣。他是英國貴族政體的棟梁，熟諳當權派的價值觀。

一九一七年十一月，第一次世界大戰已肆虐三年，造成數百萬人喪生。蘭斯敦侯爵的兒子在戰鬥中殞命，他因此確信這場戰爭對人類文明是一大威脅，澈底摧毀德國是不值得追求的目標。他受到良知的驅使，上書給政府，籲請終結流血殺戮，與德國和平談判。他的提議立刻遭到同事否決。他邀請《泰晤士報》主編傑佛瑞・道森到家中，請求對方刊登一封闡述其主張的信函。道森大感震驚，拒絕了這項請求。蘭斯敦侯爵隨後把這封信交給《每日電訊報》，它在一九一七年十一月二十九日見報。內容寫道：

「我們終將贏得這場戰爭，但是戰事延續會毀掉文明世界，讓人類苦難的重荷益發沉重……我們無意殲滅德國這個強權……我們沒打算強行統治德國人民……我們無意否定德國在國際社會中的貿易地位。」

譴責隨即四起，意見幾乎一面倒。蘭斯敦侯爵成了眾人唾棄的對象，政治人物、評論家和軍事領袖都躲著他、詆毀他。他的那封信被認定是「可恥的行爲」，信中的主張和輿論完全相反，當時輿情就是要澈底消滅德國。他的職業生涯因此毀了，許多人視他爲賣國賊。面對如此強烈的抨擊，他仍舊堅持自己的看法，只是這些看法發揮不了任何作用。

他很有可能是對的。他的看法應該被列入考慮。當時要是能和德國和談，就能拯救無數生命，此外，也能避免在一九一九年簽署《凡爾賽和約》後，強行要求德國支付巨額賠款。許多歷史學家相信，《凡爾賽和約》的多項條款種下希特勒崛起和二戰威脅的禍根。

蘭斯敦侯爵寫下那封信的半個世紀後，發生了一件類似的事。康拉德．凱倫是德國猶太人，他在一九三五年移民美國前攻讀法律。他天資聰穎，成爲情報人員，先是爲美國陸軍效力，後來爲蘭德公司工作。這家極具影響力的智庫是由美國國防部成立，負責執行高階國防分析。凱倫在一九六〇年代仔細研究數百份訊問被俘越共的紀錄，試圖解讀北越的士氣和意向。美國軍方普遍認爲越共部隊士氣低迷，只要加派美軍並持續轟炸，很快就能讓越共垮台。

然而，凱倫透過嚴謹的分析，推斷敵人士氣高昂，這場戰爭不可能會贏。這個結論與普遍的形勢評估相反。他連同其他幾人在一九六五年寫了一封公開信給美國政府，呼籲應當撤軍。但美國政府無視他的論點，依舊樂觀地認定敵方士氣低落，這場仗是有勝算的。現在看來，凱倫是對的，如果當時他的見解被採納，就能拯救許多生命。爲什麼他能做出正確判斷，其他顧問卻判斷錯誤呢？作家麥爾坎．葛拉威爾指出，凱倫是眞正高明的聆聽者，他能客觀地聆聽，不以偏見或預設立場過濾自己聽見的內容。[12]

我們很容易忘記，表達與普遍看法相左的意見是多麼困難的事。在許多情況下，政府機關、醫院或大型組織的吹哨者即使爲了公眾利益行事，也得面臨龐大的敵意和反對意見。

質疑當權者和逆風而行都需要很大的勇氣。我們一次又一次地需要那種勇氣。我們不該鄙視或忽略像蘭斯敦侯爵和凱倫這樣的反向思考者。我們應當鼓勵這樣的人說出意見，而且無論他們的想法多麼不得人心，都應當得到公正的探討。

在大膽說出與普遍看法相左的意見時，必須注意你選擇的時機、方法與態度。你有可能看起來狂妄自大，甚至焦躁狂熱。蒐集證據，事先向支持你的幾個盟友做簡報。先表明你和組織或團體的目標是一致的，接著才說明你擔憂當前的做法可能並不恰當。運用故事、事實、邏輯、情感和謙虛推進你的論點。

12 戰場上的橫向思考

戰爭是人類最嚴肅的課題。在爭取勝利或存活的奮鬥中，布署大量的行動和兵力。可是優勢武力並不能保證成功，敏捷和聰明的戰略總有智取敵人的機會——想想大衛與歌利亞的故事你就會明白。以下便是在戰爭中運用橫向思考的幾則著名例子：

特洛伊木馬

《伊里亞德》是西方文明最古老的文學作品之一。這部經典的希臘史詩寫於西元前八世紀，相傳是古希臘詩人荷馬所作。它述說希臘聯軍和特洛伊國之間的漫長戰爭與特洛伊城長年遭到包圍的故事。

相傳在持續十年徒勞無功的圍城後，由奧德修斯領軍的希臘聯軍進行橫向思考。他們建造了一座巨大的木馬，安排一支約有四十人的精英部隊藏在木馬中。接著，希臘大軍啓程遠航，似乎是不想再打下去了。歡欣雀躍的特洛伊人將木馬當成戰利品，拉進城中。當天晚上，希臘士兵爬出木馬，打開城門，讓夜色掩護下返航的希臘軍隊進城。希臘大軍占領並洗劫堅固的特洛伊城，從而贏得這場戰爭。

「特洛伊木馬」一詞指某種欺騙行爲，它讓目標對象同意僞裝的敵人進入曾經嚴密防守的地方。

漢尼拔翻越阿爾卑斯山

西元前二一八年，二十九歲的迦太基將軍漢尼拔大膽進攻羅馬帝國這個世界霸主。他率領一支大軍從西班牙出發，橫越南法，翻過阿爾卑斯山，由北方攻擊羅馬帝國。他的軍隊包括三十八頭受過戰鬥訓練的大象，這是羅馬士兵未曾見識過的武器。過去從來沒有人試過讓一支軍隊徒步穿越阿爾卑斯山，襲擊、酷寒和雪崩使漢尼拔損失許多士兵，可是當他抵達義大利，卻讓毫無所覺的羅馬人猝不及防。

羅馬人派軍隊驅逐迦太基軍，卻在三場大會戰中被漢尼拔擊敗。第三場戰役因漢尼拔採用的創新戰術而聞名於世。在這場西元前二一六年的坎尼會戰中，漢尼拔面對的是五萬羅馬大軍。他將最精良的士兵安排在側翼，利用中軍發動攻擊，吸引羅馬軍進逼。接著號令中軍逐步撤退，待羅馬軍緊隨其後，進入漢尼拔的新月陣形中央時，馬上命令側翼包圍羅馬軍。大多數羅馬軍都被殺害或俘虜。這被認爲是軍事史上最偉大的戰術典範，還被世界各地的軍官訓練學校列爲教材。

納爾遜在特拉法加海戰

一八〇五年十月二十一日，三十三艘法西聯合艦隊戰艦在西班牙卡迪斯海岸外，遭到英國海軍上將赫瑞修．納爾遜指揮的二十七艘戰艦攔截。隨後爆發的特拉法加海戰決定了下一個世紀公海與歐洲大陸的均勢。當時的海戰是由兩個對立艦隊平行排列，朝彼此發射火炮。出於這個原因，這些船艦被稱爲「戰列艦」。然而納爾遜在這場戰役中採用了一種新戰術，他下令戰艦轉向九十度，讓它們排成兩列，直直駛進法西聯合艦隊當中。英國戰艦在接近敵軍時，呈現的攻擊目標較小，不過他們也無法回擊。儘管如此，一旦他們衝破敵軍的陣形，就能近距離發動猛烈的舷炮齊射。

這個創新的方法非常有效，讓納爾遜獲得前所未有的勝利。共有十七艘法西戰艦被俘或被摧毀。英軍沒有損失任何軍艦，可惜他們的勝利因納爾遜遭法國神槍手射殺身亡而蒙上陰影。

二戰最大詐唬

二戰爆發時，德國重巡洋艦「施佩伯爵將軍號」極具破壞力，於一九三九年九月到十二月間，在南大西洋共擊沉九艘商船。這艘很難對付的裝甲艦配有六座二十八厘米火炮，最高航速達二十八節，英法海軍中僅有極少數戰艦能追得上它。指揮它的是漢斯．朗斯多夫艦長。他在一戰時擔任海軍上尉，曾因出色表現獲頒鐵十字勳章。

英軍派出三艘輕巡洋艦去攔截施佩伯爵將軍號，雙方在一九三九年十二月十三日於拉普拉塔河口海戰中交手。這艘德國裝甲艦重創英國軍艦，不過它也受損嚴重，在煙幕掩護下，撤退至烏拉圭蒙特維多港。

當施佩伯爵將軍號停泊在蒙特維多港進行維修時，英國海軍情報單位設法讓德國人相信有支龐大的優勢武力正在烏拉圭外海集結，準備在它離開蒙特維多港時摧毀它。英國海軍部在已知被德國情報機構破解的頻道上播送一系列暗號，相關情報也被透露給南美洲的新聞媒體。實際上，距離最近的重裝部隊——皇家方舟號航空母艦和聲望號戰鬥巡洋艦——全都遠在超過四千公里之外，壓根無法干預施佩伯爵將軍號的行動。朗斯多夫信了這些英軍情報，與人在柏林的長官討論有哪些選擇。他有兩個選擇，一是逃出蒙特維多港後向布宜諾斯艾利斯尋求庇護，支持德國的阿根廷政府應該會扣押這艘船，二是將船鑿沉在拉普拉塔河口。

朗斯多夫接到柏林的指示，不得讓軍艦落入敵軍之手，而他不願讓同僚的性命遭受危險，因此，他決定自行鑿沉該艦。這發生在十二月十八日。英軍虛張聲勢，唬得德軍自行廢棄他們最強大的武器之一。朗斯多夫或許意識到自己犯下錯誤，在十二月二十日舉槍自盡。

馬奇諾防線

在歷經第一次世界大戰後，英法軍事司令部假定，與德國交手的任何新戰事將會是類似的——龐大的兩方軍隊展開大規模的遲滯交戰。因此，法國人沿著馬奇諾防線建造大量的防禦工事，防線以法國戰爭部部長安德烈．馬奇諾命名，它沿著法國與義大利、瑞士、德國、盧森堡交界的整個邊境修築，並未延伸至英吉利海峽，因爲他們假定比利時能被守住。馬奇諾防線的設計是抵抗空襲、大炮和地面部隊的攻擊。這個策略主張馬奇諾防線能減弱任何入侵，爲盟軍部隊爭取動員和逆襲所需的時間。

然而，當德軍在一九四〇年發動攻擊時，他們做了橫向思考。他們拋棄先前戰爭採用的戰術，想出一種新的戰爭方式——閃電戰。這牽涉到由坦克領頭的快速移動裝甲師，另外也運用傘兵和滑翔機。他們繞過馬奇諾防線，由北方穿過低地諸國，入侵法國。法軍和英軍早已料到這一點，沿著與比利時交界的邊境布署了重兵。

但是盟軍的計畫有個致命弱點，那就是阿登森林的防守相對薄弱，因爲他們認定這裡的崎嶇地形並不適合用坦克進攻。德軍察覺了這個漏洞，迅速穿過這片森林，越過默茲河，向前推進。他們包圍並截斷法國北方的英法盟軍。盟軍被迫撤退到敦克爾克，在那裡等著被疏散。馬奇諾防線被繞過，法國在幾個星期內就吞下敗仗。

九一一事件

激進的伊斯蘭極端分子蓋達組織在二〇〇一年九月十一日，對美國發動四起自殺式恐怖攻擊。十九名恐怖分子劫持了四架商用客機，企圖以這些飛機衝撞美國重要的建築物，造成大量傷亡。他們成功讓兩架飛機分別撞進紐約世貿中心的南塔與北塔，造成雙塔崩塌。第三架飛機撞擊五角大廈。第四架飛機在機上乘客奮起反抗，阻止攻擊後，墜毀在一處田地上。

這些攻擊造成二千九百七十七人喪命，是人類史上傷亡最嚴重的恐怖攻擊事件，也是美國史上最多消防人員和執法人員殉職的事故，共有四百一十二人殞命。

這些暴行由奧薩瑪．賓拉登一手策畫，實現了造成大量傷亡和傷害美國的目的，同時也成功向全世界宣揚蓋達組織及其宗旨。這個意想不到的關鍵橫向想法是，利用載著燃料的客機當作衝撞建築物的武器。不幸的是，罪犯和恐怖分子可能會運用橫向思考，讓他們犯下的惡行更爲致命。

13 該保護的是沒有中彈的部位

亞伯拉罕・沃德在一九〇二年生於奧匈帝國（也就是今日羅馬尼亞）的外西凡尼亞。他的家人是虔誠的猶太人，不許他星期六到校上學，因此他在家自學，由父母擔任老師。

他是個聰穎的數學系學生，在一九三一年取得維也納大學博士學位。然而，由於當時猶太人飽受歧視，他很難找到工作。

當納粹在一九三八年入侵奧地利，沃德設法移民美國，並加入哥倫比亞大學統計研究小組。此時，他終於能將自己強大的數學和運籌學能力應用在軍事問題上。

有一項挑戰是調查德國炮火對飛機，尤其是轟炸機，造成的損害分布。飛機可以加裝額外的裝甲強化保護，不過裝甲愈多，飛機的重量也就愈重。機身某些部位似乎較容易受到高射炮的攻擊，軍方高層很自然地判定，應在這些較容易中彈的部位加裝裝甲保護。

但是沃德質疑這種看法。他推斷敵方的炮火應是平均落在整架飛機上。他也注意到，這些數據的樣本僅包括在任務中倖存並返航的飛機。因此，這些返航飛機上的彈痕顯示出飛機能承受損壞並存活下來的部位。沃德建議空軍強化返航飛機沒有受損的部位，因爲那些部位一旦受損，對飛機而言是致命的。他說：「應強化保護那些沒中彈的部位。」

他的洞見後來證明是對的。這則故事是反直覺思考的著名例證，也說明了倖存者偏誤的危險。

戰後，沃德在一九五〇年應邀前往印度進行巡迴講座。沒想到他和他妻子竟然在一場空難中喪生。

14 建築界的橫向思考

建築涉及藝術與工程的結合，其中有許多橫向思考發揮的餘地。無論在個別建築物或影響後續許多建物的創新，這兩種層級都有很多實例。以下是我特別鍾愛的幾個例子：

吉薩大金字塔，西元前二六〇〇年

這座宏偉的建築是古代世界七大奇蹟之一，也是唯一留存至今的建築物。這件龐大的野心之作，需要大約一萬五千人持續修築十年，方能完成。它使用了大約五百五十萬噸的石灰石。建成之後，它保有世界最大且最高建築物的頭銜長達三千八百年之久。

拱形結構，西元前二〇〇〇年

拱形結構是運用橫向思考的絕佳範例。包括埃及人、印加人，以及希臘人在內的許多古代文明都不懂拱形結構，更遑論運用它。他們採用明顯且簡單的工法，以橫梁直柱建造建築物。拱形結構首次見於西元前二〇〇〇年的美索不達米亞。它用壓應力取代張應力，從而預留出較大的開放空間。羅馬人將這種結構廣泛運用在水道橋和神殿上。

飛扶壁，十二世紀

隨著拱形天花板讓建築物規模變得更大，建築師得找出方法紓解承重牆受力後外推的問題。扶壁可以做到這一點，但飛扶壁比傳統扶壁更輕盈美觀，成本也更划算。儘管能找到更早期的例子，但直到十二世紀，飛扶壁被使用在宏偉的哥德式大教堂上，才眞正大放異采。建於西元一一八〇年的巴黎聖母院就是很好的早期範例。飛扶壁讓建築師用更薄的牆和大面窗戶，蓋出更大的建築物變得可行。

莫斯科聖瓦西里主教座堂，一五五一年

這座俄羅斯的象徵建築物是恐怖伊凡在一五五一年至一五五五年間下令建造。這座教堂有九個圓頂，形狀像是營火的火焰。迪米崔．什維德科夫斯基在《俄羅斯建築與西方》中寫道：「它和其他俄羅斯建築不同。從五世紀到十五世紀這整整一千年的拜占庭傳統中，找不到類似作品……其設計出人意表、錯綜複雜，多樣細節令人目眩地交錯，形成讓人吃驚的奇特。」13

芝加哥家庭保險大樓，一八八五年

這是世界第一座摩天大樓，由威廉．詹尼在一八八四年設計，翌年建造完工。一八九一年加蓋了兩層樓後，總共有十二層樓，在當年是前所未見的高度。它是第一棟由鋼架結構支撐的高樓建築。它在一八八五年啓用，四十六年後，在一九三一年拆除。

巴黎艾菲爾鐵塔，一八八九年

這是世界第一座鐵塔，至今仍舊是全球最高的鍛鐵建築物。它是古斯塔夫・艾菲爾為了一八八九年世界博覽會設計的，旨在歡慶法國大革命滿一百週年。當時它飽受爭議，遭到許多有權有勢者反對，因此艾菲爾表明它是臨時建物，可以在博覽會結束後拆除。它落成時，是全世界最高的人造建築物，廣受大眾歡迎，如今則是全球最多人付費參觀的紀念塔。

巴塞隆納聖家堂，一八八二年起

聖家堂是由加泰隆尼亞建築師安東尼・高第設計，在一八八二年起造，至今仍未完工。它結合了哥德式和新藝術兩種風格。藝術評論家賴訥・策柏斯特說：「藝術史上恐怕找不到像它一樣的教堂建築。」建築評論家保羅・高柏格稱它是「打從中世紀以來對哥德式建築最非凡的個人詮釋」。

雪梨歌劇院，一九七三年

雪梨歌劇院普遍被認定是全球最獨特的建築物，也是二十世紀建築傑作。丹麥建築師約恩．烏松的表現主義設計打敗兩百多件參賽作品，贏得這項國際競圖。後來它又贏得建築界最高榮譽——普立茲克建築獎。這項設計包括混凝土預鑄外殼，點子是以船帆為原型。

倫敦勞埃德大廈，一九八六年

勞埃德大廈是由理察．羅傑斯設計，具有「鮑威爾主義」的創新特徵：這幢大廈的所有服務設施，比如管道和電梯，全都位於樓體外部，以保留最多的內部空間，因此它也被稱作「內外反轉大廈」。

大阪門塔大廈，一九九二年

這棟十六層的辦公大樓非常引人注目，因為有條四線道高速公路貫穿這座大廈。第五到七樓是中空的，高速公路高架橋就從那裡穿越這棟建築物。

畢爾包古根漢博物館，一九九七年

建築師法蘭克．蓋瑞設計出一棟極為創新的建築物，以鈦金屬和玻璃打造出巨大形狀。它成為當代建築中最受推崇的作品之一。

北京鳥巢體育場，二〇〇七年

俗稱「鳥巢」的中國國家體育場能容納八萬人。它是瑞士建築師賈克．赫佐格和皮耶．德梅隆在中國藝術家艾未未與建築師李興鋼協助下設計的作品。這項設計的特色是根據中國陶瓷紋路，以看似隨機交叉的鋼條編織成鳥巢形狀。

大多數建築物的本質是尋常、實用和平淡無奇，但假如業主夠勇敢，願意讓建築師有充分的自由和預算，他們就有機會提出絕妙的全新概念。

15 從意外巧合中發現新鮮事

我們經常將意外當成惱人或讓人分心的事，它耽誤我們進行手邊的工作，所以總想迅速搞定它。不過，退一步思考這個機緣巧合有何意義，有時是有好處的。想一想下面這些意想不到的遭遇：

1 一九〇八年，一位紐約茶商將試喝的茶葉裝在絲質小袋中送給顧客。原本應將茶葉取出沖泡，但是有些客人把整袋茶葉放進茶壺中，接著加入熱水。

2 一九二八年，一名蘇格蘭細菌學家度假歸來，發現有個培養皿長出奇怪的黴菌。

3 一九四〇年代初期，一名瑞士工程師帶著他的小狗到侏羅山散步。等他回到家，發現自己的長褲和小狗的毛上沾滿許多帶有倒鉤毛刺的細小種子。

4 一九四六年，雷神公司的一名工程師發現，要是在運轉中的磁控管附近工作，口袋裡的糖果就會融化。

5 一九七〇年代，在某家音樂配件公司工作的技師把電路接錯了，結果這個元件發出一種怪異的嗚咽聲。

6 一九八九年，某家藥廠針對一款治療心因性胸痛的實驗用藥進行臨床試驗。這款藥物在那方面並不特別有效，但是參與試驗的男性回報了一種不尋常的副作用。

這些事件原本都可能被視爲惱人的意外。大多數人可能會忽略那樣做的顧客、順手清掉發黴的培養皿、不理會長褲上的種子、去除沾黏的糖果，或是重新將電路焊接好。所幸，這些故事的主角全都樂於思索意想不到的事件，著手調查並採取行動。

1 當湯馬士．蘇利文得知顧客很滿意這種新的泡茶法，便設計可大規模生產的小型容器——也就是茶包。他先後採用薄紗和紙當作材料，後來又加上細繩和標籤，讓沖泡過的茶包容易移除。順帶一提，根據《每日鏡報》報導，英格蘭文化資產組織進行的一項調查顯示，大眾認為茶包、輪子和網路是人類有史以來最重要的發明。

2 弗萊明爵士看出這種黴菌排斥了培養皿中的細菌，從而發現盤尼西林。這件偶然又幸運的事促成抗生素的開發，拯救數百萬條生命。

3 喬治．梅斯卓在顯微鏡底下仔細研究這些毛刺，看出它們具有微小的鉤子，能勾住布料，隨後他開發出一種固定布料的新方法——魔鬼氈。魔鬼氈的英文Velcro，這個字來自法文的velours和crochet，意思是「天鵝絨般的鉤子」。

4 由於這樁意外，裴西．史賓賽開發出世界第一部微波爐。

5 史考特．伯恩罕將這種怪異尖嘯聲調整成吉他效果器的聲響。他發明了「老鼠」這款破音效果器，從超脫樂團到電台司令等很多樂團都用它增強他們的音樂表現。

6 輝瑞大藥廠偶然發現了威而鋼。

姵根·甘妮蒂在《發明學，改變世界》中主張，約有半數的發明都是從某個巧合開始。[14] 這往往是人們在處理其他事情時產生的想法或發現帶來的結果。

甘妮蒂接著說，發明家多半是博學之人，他們碰巧或特意匯集好幾個領域的知識。她指出，最有可能解決 InnoCentive 這個群眾外包網站上待解難題的，會是那個領域的門外漢。

當意外發生，先別生氣，抱持好奇心，找出爲什麼。那些以怪異方式使用你的產品或提出荒唐抱怨的顧客，比起一般開心的顧客有趣一百倍。擁抱意外。橫向思考者態度開明，能迅速從失誤中吸取教訓。當意想不到的事情發生，他們準備好睜大眼睛觀察並修正原有做法。

PART 3
橫向思考工具與讓日常更美好的建議
LATERAL THINKING TOOLS AND EVERYDAY HACKS

16 如何運用六頂思考帽？

六頂思考帽是狄波諾提出的方法。[15]用它來進行討論、會議和做出決定非常有效。它涉及某種程度的橫向思考，因爲它刻意讓你遠離平常的思考方式。然而，說它是平行思考可能比較準確，因爲它鼓勵團隊所有成員在相同時間以同樣方式進行思考。它讓團隊能以更全面、更有效的方式檢視議題。它可用於董事會、社交俱樂部、法庭，以及許多其他類型的小組會議上。

傳統會議往往包含對立思考。這種思考風格很常見，它來自古希臘，某人提出一個論點，另一個人會批評它，甚至會提出反論。這充分展現在法庭攻防上，原告律師會提出被告有罪的有力證據，辯方律師則會試著反駁控方的所有論點，並主張被告是清白的。同樣的，英國政府發言人會在國會中告訴我們，政府正在做哪些很重要的事，以及政府的政策是多麼有效。反對黨有責任反對，因此他們會主張政府的想法和方法是錯的。

這就是狄波諾所謂的「我對你錯」思考。這種方法有一部分的問題是，自我可能會妨礙判斷。一旦你主張某個論點，就很難打退堂鼓，承認對方的觀點有道理。沒有人喜歡丟臉，因此大家往往會更加堅持自己的主張。

傳統商務會議的另一個問題是，在場權力最大或最資深者通常會率先開口說出某種觀點，此時，位階較低的人多半不願挺身挑戰這個觀點。

六頂思考帽法透過代表六種不同思考風格的帽子，讓眾人同時思考，化解對立思考的問題。全部的人在同一時間戴上相同顏色的帽子，以此決定會議的思考方向。

比如說，開會評估某項提案，我們從白帽開始。

白帽是是資訊之帽。我們對眼前情勢所知的事實有哪些？我們檢視事實、統計數據和分析，但不評論或做出任何結論。有時候，我們會在開會前傳閱包含這類資料的白皮書。戴著白帽時，我們得確認需要蒐集哪些新資料。脫下白帽後，接著戴上紅帽。

紅帽是感受和情緒之帽。這是一頂很有趣的帽子，因爲我們通常不會在會議上談論自己的感受，但其實感受很重要。戴上紅帽後，我們要求每個人表達他們對這項提案的感受，大家必須說出自己感受到什麼樣的情緒——從心，而非從腦袋發言。這時不能說「投資報酬率會很差」這種話，而是要敘述感覺，比方「我對此感到很憤怒」「我覺得很興奮」，或是「我很緊張」。沒有人能爭論這些敘述的對錯，如果你覺得生氣，你就是生氣。將這些感受記錄下來，我喜歡把負面感受、正面感受，以及中立感受各自歸成一欄。接著，我們移動到黃帽。

黃帽是開朗、樂觀之帽。戴上這頂帽子後，我們全都得說出這個想法的優點是什麼。如果它運作順利，能帶來什麼好處？即使你認爲這是一個很糟的想法，是你在公司的死對頭提出的，你還是得找出它的優點。先盡可能列出最多的正面事項，然後排出優先順序。這個想法最大的優點是什麼？戴上黃帽時，每個人都得保持正向樂觀的態度。接下來，我們換上黑帽。

黑帽是悲觀、風險、謹慎之帽。每個人都必須找出這個想法的缺失，就算你認爲這是個很棒的主意，還是得找出潛在風險或不利的一面。總是在職場上戴著黑帽的憤世嫉俗者，戴上黃帽時，就不得不離開他們的舒適圈。而認爲每個有希望的想法都應該實行的樂觀主義者，此刻則被迫以不同的方式思考。在列出多項缺點和不利因素後，就得排出順序，找出最嚴重的問題。

在換上下一頂帽子之前，有必要總結一下到目前爲止發生了些什麼事。我們輪流戴上四頂帽子，採用了四種思考風格，我們檢視了關鍵事實，總結了每個人的初步感受，列舉出這項提案的種種優點和各式缺點，並且加以排序。我們取得極大的進展，可是還沒有起爭執，因爲在這過程中，爭論還沒有機會登場。當然，我們必須針對這項提案進行開放討論，這會發生在戴上下一頂帽子，也就是綠帽的時候。

綠帽是成長、創意和想法之帽。戴上這頂帽子後，我們必須設法改善這項提案。我們可能會問「能否找到既可實現這項提案的好處，又能降低風險和不利因素的方法」這類問題。眾人提出種種建議，並探討彼此的想法。經過討論之後，我們通常會在戴著綠帽的狀況下，試著對這項提案做出決定：接受原本提案、否決提案，或是按照戴著綠帽產生的想法調整提案內容，甚至是提出完全不同的提案，重新回到白帽、紅帽、黃帽、黑帽的階段評估它。

最後一頂帽子是藍帽。**藍帽是過程或控制之帽**。我們可以一開始就戴上它，規畫過程如何進行，也可以在最後才戴上它，檢視整個過程是如何運作的。也有人在中途戴上它，指出別人沒有遵循這個過程：「你戴著黑帽批評，但現在是黃帽時間喔。」

我運用六頂思考帽法主持過許多會議，並在會後調查大家的看法，「這場會議跟一般商業會議相比如何？」大家通常反應很熱烈，說這套方法讓開會變得更快、目標更明確，也更有成效。他們得以從不同觀點思考這項提案，沒有任何一種意見主導討論，這促成更好的決定，那些決定也贏得參與者的更多支持。

17 迪士尼的創意策略

提到開會，大家都有諸多抱怨：會議太多；管理不善；會議超時；會議存有團體迷思，造成大家意見太過一致；強勢的人主導了所有對話；沒有創意；議而不決。

這份抱怨清單很長，理由通常也很正當。克服這些困難的最佳方法，一是運用狄波諾的六頂思考帽，另外還有一個罕爲人知的方法是「迪士尼策略」，據說華德．迪士尼就是用這個方法和他的創意團隊一起動腦。這在開發、審視創新對策時尤其有效。它是一種平行思考技巧，包括四種不同的思維方式。

在會議的每個階段，所有人都要採取相同的思維模式。每個階段結束後，團隊成員都得離開會議室，然後懷著不同的思維方式再次進入會議室。離開，再重回會議室的實際行動，能強化態度的轉換。

你召集一小群具有不同經驗和技能的人，接著，你說明待解決的難題，務必清楚描述問題或目標。

首先，整個小組以**局外人**的身分思考，大家仔細檢視手邊跟這個議題有關的事實、數據和外部觀點。爲了對議題有更全面的理解，小組成員可以扮演顧問、客戶、供應商或競爭對手等角色。筆記要詳細寫在掛圖紙上，或儲存在電腦中。

接著，小組成員離開會議室，再走進會議室中，這次的身分是**夢想家**。他們不受任何約束限制，努力想像出理想的對策。他們集思廣益，運用擴散性思考，提出能解決那個問題的各種想法。不許批評，不做判斷，記錄下產生的眾多想法。什麼天馬行空的想法都可以提出，沒有任何限制，鼓勵大家盡情想像非常出色的解決方案，無須擔心資源或許可的問題。

接著，小組離開會議室，再以**實現者**的身分回到會議室。此刻他們是腳踏實地的人，秉持務實、建設性的思維方式審視夢想家提出的想法，並應用評判準則，匯集成幾個最好的想法。一旦選出最佳想法，就將它發展成一個微型專案計畫，詳細列出後續步驟，預估成本和起訖時間，也要列出風險和利益。

接著，小組離開會議室，再以第四種思考風格重返會議室，每個人變身為**評論家**，仔細檢視這份計畫，為的是找出問題、障礙和風險。他們並非偏激、負面，而是嚴謹、有建設性的。他們的目標是揪出計畫中的風險和麻煩，讓它變得更好。

如果需要，你可以重複這套流程的任何一個階段。假如此時你手上握有一份清楚標示出風險與利益的好計畫，就能認定你已經走完整個流程。或者，你可以回到局外人階段，思考這份計畫從外部看來會是如何。假如評論家喜歡這份計畫，卻提出重要的反對意見，你可能會想以實現者的身分改善這份計畫的細節。倘若這些反對意見無法被克服，你可以回到夢想家階段，創造全新的可能性。

有些人認為這套方法比六頂思考帽更容易運用。重要的是，小組引導者必須設法讓所有人在每個階段保持應有的思考角色。運作得當時，迪士尼思考法既有趣、活力十足，又充滿創意，它能提出好主意和一份考慮周全的專案計畫。

18 用溝通三要素增強說服力

我們時常面對要跟別人溝通想法，進而影響對方的情境。我們希望改變對方的想法，把某個意見推銷給他們，確保他們同意某項提議。你該從哪兒著手呢？難道我們只能蒐集最佳論點，強力推銷它們，同時設法駁斥反對意見？有沒有更好、更聰明的橫向方式呢？

有一種很有效的方法是運用三個希臘字，這些古老概念證實是有效的。根據我的經驗，大多數人只會使用三招當中的某一招，但如果三招齊使，效果會更好。

這三個希臘字分別是ethos（人格）、pathos（情感）和ogos（邏輯）。人格指的是價值觀和聲望、權威和可信度。情感在這個脈絡下指的是感受和情緒。邏輯意指邏輯、理性與分析，當我們運用事實、統計數據、演繹和推論說服他人時，靠的就是邏輯。

該如何運用這三招提升你的說服力呢？讓我們從人格看起。別人爲什麼要聽你的？你有什麼樣的權威？在會議上介紹講者時，往往會簡短提到講者的成就與資歷，這能建立他們的人格，讓聽眾有理由聆聽和相信。

若是首次與人會面，展現你的資歷和專長是必要的，最好能在會面之前，至遲也要在會面剛開頭時完成這件事。其中的祕訣是，別讓你聽來像是自吹自擂。在初步的電子郵件往來中，你可以提到：「我在這個領域耕耘了七年，幫助過X和Y成功完成了Z。」或是留下連結網址：「我想，您或許有興趣閱讀我對這個主題發表的文章。」這麼做的目的是，在會面前建立起一定程度的聲望和權威感。如果你經驗豐富，充分傳達你的專長就很重要。

情感牽涉到引發和你會面的個人或群眾的感受。如果你聽過馬丁·路德·金恩的演講或歐巴馬的選前演說，會發現他們對情感的訴求很強烈。他們描繪美好未來的願景，置身其中的眾人充滿希望和驕傲。這些演講對於改變聽眾的想法非常有效。在日常對話中，尤其是商場上，我們多避免訴諸情感，可是人的感受具有強大力量。如果我們能用希望、驕傲、興奮或無私利他來感染他人，就能促使眾人願意改變。我們也可以談論恐懼、失望、憤怒和挫折，把它們視爲可以克服的情緒。

第三招是大多數人最常使用的一招，我們訴諸邏輯，包括事實、論據和理由來提出主張：「我們該這麼做的理由是，它不但能省錢，還能增加銷售量。」這些是很好的論點，我們當然該採用邏輯提出理由。然而，如果能先用人格建立起我們的可信度，接著訴諸情感，描繪能讓人幸福、自豪的美好未來，就更有可能說服他人。

下一場會議或簡報別只使用一招——你可以三招全用。

19 創新點子來自何方？

世界各大城市都面臨一個共同的問題——缺乏買得起、品質像樣的住宅。以巴黎和阿姆斯特丹爲根據地的設計公司雕花工作室（Cutwork Studio）發展出一套名爲PolyBlocs的方法，由個別的方塊房間組成住宅。基本的組成元件稱爲PolyRoom，形狀類似貨櫃，可像樂高積木般堆疊，創造出各種尺寸與形狀。它們有各種門窗配置選擇，可靈活安排，提供多功能空間。其他特色還包括可上推隱藏的床鋪、內建櫥櫃的桌子，以及小巧的衛浴空間。

這是個創新的衍生點子。它可能來自何方？讓我們想像自己在這間設計工作室工作，我們集思廣益，想創造出買得起的都會住宅。我們可以從幾個地方開始發想這個點子：

1 **分析問題**。工人在市中心建造一棟建築物得耗費許多時間，因此得花很多錢。怎麼做才能將建造時間縮短至最少呢？能不能先在別的地方蓋好房子，接著在現場迅速組裝呢？怎麼做才能將組裝時間最小化呢？

2 **回到過去**。不妨想想預鑄建築，它問世已有很長的時間。諾曼人在西元一一六〇年就蓋了一座組合城堡！我們該如何更新這些古老的點子，讓它們能持續符合現代需求呢？

3 **改造不同的住宅對策——活動房屋**。我們能否拆除活動房屋的輪子，把它變成一個可堆疊的組件呢？

4 **向不同的產業取經**。船運如何將狹小空間做最佳且最節約的利用？他們靠的是貨櫃。我們可以把貨櫃這個點子應用在住宅上嗎？

5 **讓我們玩個遊戲**。什麼樣的遊戲牽涉到將事物組裝在一起？讓我們使用樂高作為蓋房子的隱喻，看看它會通往哪裡。

6 **重新安排組成元件或建築流程**。我們通常會按照特定順序蓋房子，從地基和牆壁開始，接著是門窗和水電瓦斯，最後是床鋪和衛浴設備等家具與設施。

我們可以重新安排這個順序，在同一時間將這些全都組裝在一起嗎？

創新點子可能有無數種來源。我們有許多方法可以處理這個問題，運用像是奔馳法或明喻等技巧的腦力激盪，也許就可以提出這樣的主意和許多其他想法。

我們需要大量的創新點子來解決今日面臨的問題。我們採用的起始點愈是不同，就愈有機會產生能成功奏效的點子。

20 六個僕人

遭遇問題時，我們常忍不住想快點提出解決方案。愈是經驗豐富、位高權重、個性強勢，立刻提出對策的誘惑就愈大。但是，假如你還沒完全掌握問題，或是根本弄錯問題，往往就會提出糟糕的解決方案，因爲它處理的是錯的問題。

我們從品質與六標準差的研究中得知，根本原因分析能讓人對問題有更深入的了解，從而更有機會產生好的對策。市面上有許多探討進階根本原因分析法的書。下面是一則簡單的技巧，能幫助你快速找出問題的基本成因。

「六個僕人」是從十二種不同觀點審視議題的團隊練習。你可以獨自運用它，也可以和一群人一起使用它。其中的橫向元素是，它迫使你採取不同的思考角度——總共十二種。它以魯德亞德・吉卜林的詩作爲本：

我有六個忠實的僕人
（他們教會我許多事）；
他們的名字是何事、為何、何時，
還有如何、何處和何人。

我們把它當成一種研討會工具，從正反兩面運用這些提問來探索議題。議題界定好之後，接著在會議室四周張貼十二張掛圖紙，在每張紙上寫下十二道問題之一作爲標題。將團隊分成幾個小組，就這些問題想出許多答案。

假設議題是：「如何改善我們商場的顧客服務？」這些問題的組成可以像以下列這樣：

1 什麼是良好的顧客服務？
2 什麼不是良好的顧客服務？（或者，什麼是糟糕的顧客服務？）

3 為什麼我們的顧客服務會變好？
4 為什麼我們的顧客服務會變糟？
5 何時會出現良好的顧客服務？
6 何時會出現糟糕的顧客服務？
7 怎麼做會讓顧客服務變好？
8 怎麼做會讓顧客服務變糟？
9 哪裡有好的顧客服務？
10 哪裡有糟糕的顧客服務？
11 誰提供良好的顧客服務？
12 誰提供糟糕的顧客服務？

透過一次又一次地探討良好服務與糟糕服務的問題，強迫眾人提出新的答案和想法，就能對這個議題和潛在因素描繪出概略的情景。將寫在紙上的想法進行分析、排序與組合後，就能對這個問題有更深入的認識，也能對它發生的理由形成一些深刻見解。這些想法才能變成解決這項議題的計畫的起始點。

開會時，我們往往會立刻思考「爲什麼會發生這個問題」和「要怎麼解決它」這樣的疑問。但除非問題很簡單，否則提出這類疑問爲時過早。首先，我們需要澈底了解問題，前述十二道提問很管用。

非常重要的是，要忠實地按照字面去探討每道問題。比方，「誰提供良好的顧客服務」答案可以是：

- 家具部門的瓊安。
- 更有經驗的員工。
- 有時間的人。
- 有動力的人。
- 對顧客感興趣的人。

而「誰提供糟糕的顧客服務？」的答案可以是：

- 新進員工或經驗不足的員工。
- 工作太忙的人。
- 對顧客的提問不知道答案的人。
- 銷售同仁休假時幫忙代班的後勤同仁。

同樣的，對於「何時」問題，我們想知道良好服務和糟糕服務發生在一天當中的哪個時間點、一週當中的哪一天，或者發生在何種情況下。

就這十二道問題蒐集了大量答案之後，接著按重要性排序，找出最有洞察力的答案，並與大家分享結果。此時，我們有了可靠的根據來進行腦力激盪，找出方法以改善顧客服務。

透過六個僕人產生的每個答案能催生出許多點子，有些很老套，有些很有創意，誰知道呢？也許我們會挑中某個計畫，讓瓊安負責訓練其他員工！

21 增強腦力的遊戲

思考者喜歡動腦遊戲的挑戰和刺激，他們享受為了求勝，得運用思考力和判斷力帶來的純粹快感。你也可以在許多精采遊戲中得到樂趣。總的來說，玩遊戲對人生有許多好處。遊戲有助於兒童培養各種重要技能，他們也熱愛玩遊戲。遊戲也有助於成人培養相同的技能，只可惜許多大人認為遊戲很幼稚，不值得花時間在那上頭。這不僅令人遺憾，也錯失了大好機會。

東倫敦大學的兒童心理學家暨神經科學家山姆．華斯在二〇一二年發表他對兒童玩遊戲時大腦表現的研究。[16]他發現，兒童的大腦不同神經元之間的連結多過成人大腦，因此兒童的大腦「比較凌亂」。玩遊戲有益大腦，華斯說：「你在大腦未連結的部位建立連結，並且不斷這麼做。透過這種重複的過程，有助於強化大腦不同區域之間的連結。」

這篇報告也引用了愛丁堡大學心理學家德魯．奧爾提爾的研究。他一直密切關注一項從一九四〇年代開始的長期研究，那項研究追蹤蘇格蘭兒童行為發展，探討人年紀漸長後，思考力會如何變化。研究指出，玩遊戲有助於保持大腦功能，「玩愈多遊戲的七十歲長者，其思考能力整體下降幅度較小。」

那麼，我們該玩哪些遊戲呢？凡是得動腦的遊戲都有益大腦。不過，此刻讓我們專注在想像力和橫向思考。以下是我最愛的創造力培養遊戲：

1 **比手畫腳**。你的爺爺奶奶可能玩過這個古董級的室內遊戲，它不需要任何設備，但得要有滿滿的想像力、即興發揮和橫向思考。而且它經常具有令人噴飯的樂趣。

2 **你畫我猜**。跟比手畫腳類似，但主題是圖像的。你能畫出傳達有用線索的圖案嗎？

3 **神祕填字遊戲**。好的神祕填字遊戲線索必定非常狡詐，你必須以各種巧妙方式充分發揮你的智力，弄清楚它的意思。

4 **橫向思考謎題**。這些謎題都發生在奇特的情境下，你必須問很多問題，從不同的角度切入。適合在漫長車程中全家人一起同樂。

5 **機密代號**。適合四人玩的卡牌遊戲。測試你有多大能耐，想出巧妙串連多個英文字彙的線索。

6 **Dingbats**。這是畫謎或字謎，找出你看見的東西代表什麼常見的單字或成語。我的建議是，說出你看見了什麼。但你能發揮橫向思考力，看出答案嗎？

7 **密室逃脫**。這通常牽涉到巧妙的線索和謎題，你必須解開它們，才能從某個房間移動到下一個房間。

8 **故事骰**。一組九顆骰子，每一面有不同圖案，能創造隨機的刺激。它們以多種說故事的起點，激發你的想像力。

下面是我最愛的邏輯、推理和記憶力培養遊戲：

1 **西洋棋**。這可說是遊戲之王，它代表兩人之間的腦力對戰，讓人學到策略、戰術、布局，以及絕對專注的好處。每個家庭都該有一副西洋棋，每個孩子都該學會如何下西洋棋。而且，每個人都能享受這樣的挑戰。

2 **數獨**。有利於專注、演繹和詳細的數字分析。

3 **拼字遊戲**。這是經典的單字遊戲。你得運用遊戲圖板上可用的字母牌，將你手上的字母牌做最大利用。高手能看見令人驚嘆的各種可能性，而且熟知許多稀奇古怪的簡短英文字供他們靈活運用。

4 **地產大亨**。卡斯楚上台後，禁止這個遊戲在古巴流通，因為他認為這是資本主義的模型。這個遊戲運氣成分很大，不過熟練的玩家往往能勝出，因為他們會聚焦在正確資源上，迅速拓展手上的地產。它訓練買賣技巧和機率概念。

5 **橋牌**。卡牌遊戲百百種，其中最迷人的，非橋牌莫屬。叫牌和出牌是兩種不同的技能組合，打法有著令人驚嘆的奧妙之處。厲害的玩家會記得所有出現過的牌，還能迅速推斷出隱藏紙牌的謊言。大部分玩家會先學惠斯特，然後才開始打橋牌。

6 **妙探尋凶**。這是一種很受歡迎、樂趣無窮的家庭遊戲。你能拼湊線索，找出誰是凶手嗎？

7 **雙陸棋**。出色的雙人遊戲，混合了運氣、技巧和賭博。你可以選擇冒險或謹慎的策略，有時可使得分翻倍。

8 **撲克牌**。有些人誤以為撲克牌就是吹牛比賽，但其實它是很燒腦的活動。高手總能掌握對手的心思。必須擁有鋼鐵般的意志，並且深入了解機率，方能獲勝。這是一種學習成本很高的遊戲，它可能很危險，但它無疑是生活中最棒的消遣之一。

9 **棋盤問答**。這是所有問答遊戲的源頭。測試你的常識，看看你能否像出題者用同樣聰明的方法思考。

10 **遊戲主機和手機上的遊戲**。這能增強你的反應時間和靈敏度。它們深受孩童和年輕人歡迎，但可能會成癮。

22 腦筋急轉彎

小狗會做出什麼讓人踩進去？

這道腦筋急轉彎有個顯而易見的答案，但那當然不是我們正在尋找的答案。想找到解答，你必須避開那個明顯的答案，找出其他小狗會做，而人會踩進去的東西。答案是**pants**。這是高明的文字遊戲，因爲**pants**這個英文字在小狗這麼做時是動詞，意思是「大口喘氣」，但是當人踩進去時卻是名詞，意思是「長褲」。

精采的腦筋急轉彎是捉弄人的狡詐問題，能騙你答出錯誤的答案。想要破解它，你得橫向思考。以下十二則腦筋急轉彎是我的最愛。你能答對幾題呢？（只有那些你沒見過的才算數喔！）

1 據你估計，在英國要完成一間普通的獨棟磚造房屋，需要使用多少塊磚呢？

2 水電工哪個月份吃得最少？

3 如果十個人花了八小時才築起一道牆，請問五個人築牆得花多久時間？

4 為什麼中國人吃的米飯量多過日本人？

5 在英國生活的穆斯林砌磚工就算改信基督教，也不能葬在教堂墓地，為什麼？

6 哪三種可以吃的東西你絕對不會拿來當早餐？

7 如何將一顆生雞蛋丟在水泥地上卻不會打破？

8 晚上就寢前，你脫掉（take off）的最後一樣東西是什麼？

9 據你估計，一年有幾秒（second）？

別急，慢慢來，留心轉移焦點、誤導方向和狡詐的花招。完成後，翻開第二九〇頁，看看你答對了沒。

23 隨機詞

我爲企業客戶舉辦創意思考營，想讓這些參與者跳脫慣性的思考方式，有時是一大挑戰。如果我想催生眞正有創意的非正規想法，通常會引進隨機刺激。最容易上手的方法就是「隨機詞」。

拿起一本字典，隨機選一個名詞，把這個詞寫在掛圖紙的頂端，接著在下方列出這個詞的五、六個特質，然後強行串連起這個詞或其特性與待解決的問題。你會發現，腦海中出現各式各樣的聯想。

比如待解決的問題是：「如何吸引最好的人才加入你的公司？」從字典裡挑出的隨機詞是「尤加利樹」。在掛圖紙頂端寫下尤加利樹，接著列出幾項特性或聯想，如澳洲、口香糖、無尾熊、樹枝、藥物。觸發的想法可能包括：

- 招募澳洲或紐西蘭人才。
- 提供休假和環遊世界的機會。
- 提供應徵者免費的口香糖。
- 把你的求才廣告張貼在健身房和俱樂部中。
- 在動物園舉辦徵才說明會。
- 贈送應徵者一隻品牌泰迪熊，顯示你們是多麼有愛心的一家公司。
- 提供醫療保險與健康檢查。
- 主辦一場幫助在地醫院的宣傳活動。
- 讓大家知道加入你的公司，他的職涯能如何擴展。

持續增加意見，直到你想不出點子爲止。接著翻開新的掛圖紙，從字典裡隨機挑出一個新的名詞。

有些詞會運作得比其他詞更順利，不過你得實際使用後才能判別。我發現，簡單具體的名詞，比如魚、角落、棍棒或房子，大體上運作得比信念或憂傷這類抽象名詞來得順暢。然而，無論選中哪個詞，你都得試試看。等你累積出一長串的想法後，就可以運用議定的標準，挑選幾個最好的想法，把它們打磨得更完善。

爲什麼像隨機詞這樣的刺激物能夠奏效？因爲它強迫大腦從新的點出發，從新的角度切入問題。大腦是個懶惰的器官，它會自動採用熟悉的模式，以一貫的方式解決問題，除非你輕輕推它一把，讓它從新的點出發。大腦很擅長在截然不同的事物之間強行產生連結，因此，當你用奇怪的刺激物提示大腦，它就會找出富有創意的連結作爲回應。

你也可以運用隨機的圖片、物品、歌曲或散步，引入腦力激盪的刺激物。你可以帶一些隨機物品的照片，或者請大家帶一件他們認爲很特別的物品前來，不用先說明原因。你也可以要求大家在市中心、美術館或博物館的周圍隨意走走，然後告訴你他們看見的東西，那就是腦力激盪的起始點。

這個方法適用於團體，但是你獨自工作時也合用。寫下你面對的難題，接著拿起字典開始動作。試試看，成果說不定會讓你很驚喜。

24 用明喻取代你的想法

該怎麼做才能讓參與腦力激盪會議的人用不同的方式思考？有種可靠的橫向思考技巧叫做「明喻」。

召集你的小組成員，清楚說明待解決的難題，接著讓每個成員各拿一張紙寫下：「我們的問題就像……」每個人都得獨自完成這個句子。他們可以提出好幾個建議，但他們必須靜靜地做這件事，才不會受到彼此的想法左右。

你要設法在完全不同的領域中找到大致相似的難題，舉例來說，假如你的問題發生在商場上，你可以問，誰能舉出在戰爭、運動、娛樂、交通、歷史、政治、教育、健康、研究、音樂等領域中發生過類似的問題。

這種相似未必要精準，講求的是感受，而不是精準的類比。你們分享這些明喻，並寫在掛圖紙上。選出一個大家公認最能充分比擬原始問題的明喻，就這個明喻集思廣益，找出解決辦法。參與者必須設身處地思考，分析這些想法，看看有沒有哪個想法經過轉化，能爲原始問題提供可行的對策。

舉個實際的例子，我曾經爲報業廣告經理人舉辦過一場研討會，我們得解決的其中一項難題是：如何降低缺勤問題？許多電話銷售人員從事這份高壓工作會一連請好幾天假。我請大家爲缺勤問題找出某種明喻，下面是他們提出的一些建議：

- 這就像要小孩去刷牙。
- 這就像勸大學生去上課。
- 這就像堅持節食。
- 這就像讓足球隊全員出席週六的比賽。
- 這就像讓青少年打掃自己的房間。
- 這就像要求摩托車騎士注意速限。

這群人選擇了足球隊的明喻，接著我們就那個情境進行腦力激盪：怎麼做才能讓足球隊全員出席比賽？我們想出好幾個涉及同儕壓力的點子，接著我們轉化每個點子，看看它能否應用在原本的背景，也就是報業廣告業務辦公室中。

我們最後想出的對策是，依出勤狀況給予團體獎金，並按月公布截至目前爲止曾經缺席的人。由此產生的同儕壓力，明顯降低了缺勤問題。

對這項練習而言，找出好的明喻是關鍵。好消息是，你只需要從小組貢獻的所有明喻當中，選出一個好的明喻即可。話雖如此，如果時間充裕，不妨多嘗試幾個明喻，進行腦力激盪和轉化。每個比擬都出自不同的個人經歷，每個比擬都會提供不同的觀點和想法。

25 擲骰子

運用機率是橫向思考的一個關鍵要素。怎麼做才能刻意將機率引入你的創意思考中呢？隨機詞這個方法非常有效，擲骰子則是另一種腦力激盪方法。

它適合四到六人的團體使用，尤其適合強行組合不尋常的想法與背景。如果人數更多，可以分成幾組，待在不同房間裡互相競爭。唯一必要的設備是活動掛圖和骰子。

首先，你挑選一個難題，確認它的三、四個特性，就每個特性列出六個選項。譬如說，你想要製作一部新的電視劇，可以從〈表1〉列出的參數著手。

擲骰子四次。比方你擲出四、四、二、六，你的小組就必須構思並設計一檔電視節目，內容是有關某個企業執行長和某個青少年捲入一宗戲院搶劫案。你可以丟硬幣決定這兩個角色的性別。

花十分鐘討論這要如何運作，接著再次擲骰子，得出另一種組合，看看能怎樣利用它。總共有一千兩百九十六種不同的可能組合！經過三、四輪之後，選出最有希望的想法，整理出計畫，接著向其他小組和主持人報告計畫內容。

我發現，這套方法非常適合用於新產品、新服務和行銷活動，它迫使你仔細審視你通常不會考慮的組合。起初看來沒有吸引力的組合被塑造成有趣的提案，這實在很了不起。

〈表1〉

	主角	配角	罪行	地點
1	偵探	無業遊民	謀殺	醫院
2	政治人物	郵政人員	搶劫	學校
3	神職人員	商店員工	勒索	電視台
4	企業執行長	青少年	綁架	足球俱樂部
5	醫師	記者	詐騙	餐廳
6	教師	窗戶清潔工	走私	戲院

26 橫向思考謎題

橫向思考謎題是一種頭腦體操遊戲。這些奇怪的情境通常取材自真實生活，你拿到的資訊有限，但得找出發生了什麼事。每道謎題都有一個非常完美的解釋，你必須找到它。

這些謎題的設計並不是要你思考如何解決。它適合兩人或一群人當成遊戲玩，其中一人知道答案，其他人則提出封閉式問題，從「對」「不對」或「無關」的回答中找出解答。

這些謎題測試的是你檢查假設、提問，以及從不同角度切入問題的能力。你必須彙整來自各方的訊息，進行邏輯思考和橫向思考。遇上卡關可能會讓你很氣餒，但這是過程的一部分，而且這過程應該充滿樂趣。答案在第二九一頁。

1/前方有山

你搭乘一架小飛機，坐在駕駛員旁邊，飛機高度爲一・六公里。前方的山脈陰森地逼近，飛行員沒有改變航速、方向或高度，但是你活了下來。爲什麼？

2/鑰匙

每天晚上睡覺前，女人都會小心地鎖上家裡所有房門，接著把大門鑰匙放進一桶冷水中。到了早晨，她從水桶中取出鑰匙，打開大門。她爲什麼要把鑰匙放進冷水中？

3/遭到破壞的汽車

男人很自豪，他擁有一輛漂亮又昂貴的賓士跑車。有一天，他把車開到一個露天停車場，接著砸毀窗戶、刮花車門、扯掉音響。他爲什麼這麼做？

4／毛毯之謎

男人帶著一條毛毯走上山丘。有一百人因爲這個舉動喪命，這是怎麼回事？

5／七年之癢

女人在挖掘花園時，挖出一個大鐵箱，裡頭滿是金銀珠寶。有整整七年，她半毛錢也沒動用，也沒告訴任何人她找到了什麼。接著，她突然買了一間新房、一輛新車和一件毛皮大衣。怎麼會這樣呢？

6／沙坑

男人爲什麼辛辛苦苦將十五輛全新的賓士車塗滿油脂，用塑膠袋密封，埋在沙漠中？

這些謎題出自我和戴斯．麥克豪爾合著的《如何延伸側面思考力》。17

27 好點子來自大量的點子

萊納斯．鮑林是傑出的科學家，曾獲得兩座不同領域的諾貝爾獎，他說過：「想出好點子的方法，就是先想出很多點子，然後淘汰不好的。」

大多數企業經理人喜歡被視爲明快果斷。他們有能力迅速想出解決問題的點子，動手去做通常（但並非永遠）比什麼也不做來得好。不過，我們想出來的第一個答案不大可能是最好的答案。

比較好的方法是，花點時間想出一長串可能可行的點子，再逐一評估它們，從中選出一個或幾個試行看看。我們想到的第一個點子往往是最明顯、最直接的反應——它鮮少是最佳反應。隨著我們仔細思考問題，努力提出愈來愈多可能的對策後，我們會想出不那麼傳統、不那麼符合慣例、不那麼不假思索的選擇，我們會提出有創意、非比尋常，而且更好的選項。

西方教育體系的問題是，它讓我們相信大多數問題都只有一個正確答案。單選題測驗迫使學生試著刪去錯誤的選項，選出正確答案。因此等學生畢業後，他們會以爲找出「正確答案」，問題就解決了。然而，眞實世界並不是這麼運作的。幾乎每道問題都有多種解決方法。我們必須拋棄學校教的那一套，改採總是尋找更多、更好的答案這種態度。

想要眞正發揮創意，你得先想出大量的點子，接著反覆改進，直到只剩下幾個點子來加以檢驗。想讓你的組織更具創新精神，你必須先提高點子的產量。

爲什麼你需要更多點子呢？因爲當你開始發想，首先想到的會是顯而易見、簡單的答案。等你想出愈來愈多點子後，你會構思出更荒謬、更瘋狂、更有創意的點子——那種能產生根本解決辦法的點子。

管理大師蓋瑞．哈默爾探討「企業精蟲數」——你的企業能產生多少點子的活力測試。[18] 許多經理人擔心過多的點子讓人難以應付，但最具創新精神的公司從眾多點子當中獲得很多樂趣。

當BMW集團推出VIA這個開放式創新平台，向世界各地的愛車人士徵求建議後，首週便收到四千個點子。豐田汽車的內部建議系統每年產生大約兩百萬個點子，更不可思議的是，超過九〇%的建議都得到實行。數量確實起了作用。

愛迪生做過的實驗數量龐大，爲了研發電燈，他實驗過九千多次，研發蓄電池則實驗過大約五萬次。他至今仍是握有最多專利的紀錄保持者，擁有超過一千零九十項專利。他過世後，後人找到三千五百本筆記本，裡頭寫滿他的點子和匆匆寫下的筆記。正是因爲他的產量極高，才能有那麼多重大成就。

畢卡索畫了超過兩萬幅作品。巴哈每週至少創作一首樂曲。這些偉大天才的創作不僅有量，也有質。有時候，唯有透過大量創作方能產生精采作品。

當你開始進行腦力激盪，或使用其他創意技巧，最好的點子可能不會出現在頭二十個或頭一百個點子當中。點子的品質並不會隨著數量增加而降低，較晚出現的點子通常比較特殊，往往能由此發展出眞正的橫向解決方案。

PART 4

實用祕訣與讓日常更美好的建議

PRACTICAL TIPS AND EVERYDAY HACKS

28 強迫自己跳脫思維框架

我們會在假設和常規的框架內思考。我們會以自己覺得舒適的模式和方法思考。我們會以強化自己世界觀的方式思考。如何才能迫使自己用不同方式思考呢？這裡有一份簡短的建議清單，其中有多項建議在本書中有更詳細的介紹。

1 首先得認識到，我們全都活在建構出自己世界觀的框架內。我們受限於自己的假設。

2 保持好奇和開放的態度，對任何情境多提問，樂於接受不同的觀點。

3 列出潛在的基本準則和假設，接著針對每一條提出這個問題：「倘若相反才是對的呢？」只要看見規則，你就要問：「要是打破這條規則會怎樣？」

4 運用明喻或隨機詞等橫向思考技巧，集思廣益，想出不尋常的點子。

5 和一個不折不扣的局外人討論這個狀況，比如，詢問軍官、小孩、神職人員、醫師、汽車技師、藝術家、喜劇演員、音樂家、罪犯或偵探，留意他們如何提出不同類型的問題。

6 為了意識到不同的視角，刻意閱讀不贊同你的觀點的學術期刊，造訪看法與你分歧的網站。

7 別僅憑字面意義就接受理論與模型。要在真實世界中小規模測試各種點子。對實證結果多幾分信任。

8 了解不同國家、不同文化的人如何看待這個情境。

9 如果有人批評你或反對你，別不理會或拒絕相信對方。告訴自己：「他們說的話也許有重要之處。」

10 和你平常不會往來的人打交道，和那些與你的背景、看法不同的人交流，請教他們的意見。

11 報名毫無關連的學科課程。針對你感興趣、但與你現有技能關係遙遠的領域，修習線上或實體課程。

12 參觀博物館、藝廊和圖書館。

13 透過觀賞有字幕的外語影片，涉獵不同文化。

14 引進隨機。閱讀維基百科的每日隨機條目。從圖書館或二手書店隨機選擇非小說類的書籍。

15 休假時別去同樣的地方。造訪對你而言非比尋常的國家或環境。

29 在工作上更隨興而為的方法

我們被告知應規畫自己的生活，列出待辦事項，妥善安排日程，以穩當明智的方式安排事務，勤奮工作。但是偶爾反其道而行，隨興而爲，難道不會更好嗎？

俄亥俄州大學的研究人員瑟琳．馬考克和嘉布里艾拉．托尼埃托在二〇一六年執行了十三項休閒活動調查，結果發現，事先爲休閒活動排定時間（相較於隨興而爲），讓它感覺沒那麼暢快，更像是工作。[19] 他們發現，排定時間，降低了人們對這項體驗的期盼和享受。這兩位研究人員發現，透過粗略地安排時間，不具體指定起訖時間，可以妥善保持休閒活動自由暢快的本質。

發乎自然，不只能帶來更多樂趣，也能激發出更多創意和創新。在商場上，嚴格而繁重的工作制度和接連不斷的會議，讓人沒有餘力去發想新點子和多方嘗試。在家工作使這種趨勢益發惡化，並消除了我們可以在辦公室分享的隨意談天和意想不到的時刻。

怎麼做才能在工作中大膽追求隨興和創造力呢？這裡有幾個想法：

1 **開一場沒有議程的會議**。大多數定期會議遵循同樣的議程，只在會議最後留少許時間處理臨時動議。偶爾可以嘗試開一場沒有議程的會議。大家來開會，聊他們想談的任何話題。你可以提出像是「告訴我們發生了什麼好事或意想不到的事」之類問題，作為引導。

2 **增強交流**。鼓勵大家和別的部門同事喝杯咖啡或共進午餐，為的只是好好聊一聊，得知公司裡其他部門正在進行什麼事。

3 **把握事實**。資深團隊的每個成員都會拿到一份不同的（比方說）六名近期客戶資料，他們必須打電話給其中至少四人，和對方聊天，詢問對方的交易經驗和改進建議。然後，團隊成員分享他們的故事和收穫。這可以為創新帶來許多重要且深入的見解和點子。

4 **隨機午餐**。公司領導人每月一次，和隨機選出的不同部門員工共進午餐。大老闆在沒有議程、氣氛更加輕鬆的狀況下，應能得知基層的真實狀況和一些逆耳忠言。

5 **跨部門社交活動**。真正出色的點子，通常出現在下班後的酒吧裡，因此，不妨鼓勵員工下班後，在體育賽事、益智問答或社交活動中輕鬆自在地交流。

6 **隨機搭檔**。在大型組織中，員工被隨機分派，與遙遠部門的人搭檔。這名搭檔不是由經理人挑選，而是運用生日或身分證字號隨機指派。搭檔見面，分享經驗並交換意見。

人們傾向於躲在自己的舒適圈中，努力處理自己的工作任務。這麼做在一定程度上是好事，但是它會扼殺創造力，以及能產生好點子的隨意互動。

有時，打破常規、隨興做事是有好處的。鼓勵眾人找點樂子，時時刻刻準備應變。撥出時間隨興嘗試某些事物，任憑一時衝動行事。

30 用情感取代邏輯

我們喜歡認爲這世界是個理性的地方，這麼一來，我們才能用明智、邏輯和理性的方式應對它。我們在商場上被訓練要善於分析，我們注重數據、目標、百分比、市場占有率和比率。管理碩士學生靠詳盡的試算表分析個案研究，我們以指標和數字界定問題，例如，我們可能會問：

- 要怎麼做才能將銷售額提高一〇%？
- 要怎麼做才能讓品牌知名度在目標市場翻倍？
- 要怎麼做才能將開發新產品的時間從十個月縮短到六個月？
- 要怎麼做才能提高工作場所的生產力？

- 要怎麼做才能降低關鍵技術人員的流失率？

這些都是好問題，從分析和事實的角度出發，將會產生分析性看法與想法。但是我們必須牢記，員工和顧客是人。比起數字，感情更能驅策人。因此，以情感取代邏輯，並且換一種方式表達每道問題，會是富有成效的方法。

此刻，我們可以改成這麼問：

- 要怎麼做才能讓顧客對我們的產品和服務更滿意？
- 要怎麼做才能讓人聽見我們的品牌名稱就不自覺地微笑？
- 要怎麼做才能減少在新產品審核和進度落後時感受到的挫折？
- 要怎麼做才能排除那些在工作中干擾和激怒我們員工的事物？
- 要怎麼做才能讓我們的技術人員對於在這裡工作感到驕傲和開心？

從較爲個人和情感的層面出發，我們可能會想出更多不同的點子。凡是能讓顧客或員工對我們感到滿意或引以爲豪的事，都值得我們仔細研究。凡是能讓顧客或員工停止感覺憤怒、挫折、失望或悲傷的事，也值得我們細細探討。

在下一次管理會議上，改變一下，特別關注感受和情緒，而非數據與邏輯——試著使用上述問題。這會讓你以新的方式思考，引領你想出新穎、富有成效的點子。

同樣的原則也適用於其他身分。如果你想讓孩子吃蔬菜、讓你的外婆搬進較小的房子，或者讓朋友養成較健康的生活方式，你可能已經發現，邏輯的論點沒有什麼影響力。將心比心，想想他們的感受和情緒，問問他們有何感覺，講述其他人在類似情境下的故事，仔細探討能喚起他們感情與熱情的那些選項。

31 思想開明測驗

你有多開明？試試這份測驗。

幾乎每個人都認爲自己思想開明，樂於接受新想法。正如有個朋友曾開玩笑地說：「我知道我思想開明，沒有人能說服我不是如此。」我們確信自己寬容又不帶偏見。不容異己、偏狹小器的是別人。我們很容易落入一成不變的常規，堅持自己對這世界根深柢固的看法，並且下意識地否決可能會擾亂我們原有見解的觀念。

請試試這份簡短的測驗，看看你有多開明。全部只有十道題目，你必須回答「是」或「否」。

1 在過去十二個月中，你曾對任何重要議題改變過想法嗎？去哪兒或吃什麼這

類不重要的決定不算數。你曾改變對政治、道德或社會重大議題的立場嗎？……是／否

2 你有一個或多個與你不同族群的密友嗎？……是／否

3 你能接受別人的批評並做出改變（是），還是反擊（否）？……是／否

4 去年你曾看過外語影片嗎？……是／否

5 在過去十二個月中，你交了新的好友嗎？……是／否

6 你試過閱讀多種報紙和雜誌（是），還是總是固定閱讀那兩、三種（否）？如果你不看報紙，這題算否。……是／否

7 在對話中，你通常是聽（是），還是說（否）？……是／否

8 你會試著每年到新的地方度假（是），還是通常會去相同的地方（否）？……是／否

9 說到做決定，你會仔細思考但仍心存疑惑（是），還是明快果斷，對自己的選擇有把握（否）？……是／否

10 你會上許多不同網站瀏覽新聞和資訊（是），還是固定造訪幾個社群媒體和

新聞網站（否）？……………………是／否

每個「是」可得一分。請計算你的得分，分數愈高愈好。

〇到三分：墨守成規——你需要新思維！

四到六分：你有時算得上開明。

七到十分：你樂於接受新思維。

32 卡關時可以做的十件事

你我不時都會卡關，就連橫向思考者也不例外。面對你開始動筆的書，你腸枯思竭；也許你在重大投資上沒有任何進展；你不斷拖延某件事；你的團隊無法在某個專案上取得進展。動力停滯，很難重新發動，這時你能做什麼呢？下面是推動事物的十步驟方案：

1／認清障礙

寫下你停滯不前的主要理由。別只是說：「我忙著處理其他事情。」找出你不把採取必要行動當作優先事項的眞正理由。爲什麼你拖拖拉拉？爲什麼你失去了熱情？有什麼有形或無形的障礙嗎？一旦認清障礙，就比較容易找出克服的方法。

2／重新定義目標

回歸初衷。不妨自問：我們想在這件事情上完成什麼？我們想解決什麼問題？爲誰？它會帶來什麼樣的好處？我們爲了某個好理由啓動這件事，那個理由是什麼？它仍然有效嗎？假如它不再重要，或許我們該完全停止，不再做這件事。但如果它依然重要，我們也該清楚地告訴自己，告訴整個團隊（如果有的話）。讓我們透過詳細說明進行這個專案的理由和它將能帶來的好處，重新激勵自己。

3／檢查你的假設

關於技術、客戶、市場、需求，或其他任何事，我們做了什麼樣的假設呢？要是這些假設錯了呢？要達成我們的目標，有沒有更好、更簡單、更快速的方式呢？針對這個問題集思廣益。

4／考慮相反的事

既然都質疑假設了，何不考慮做完全相反的事呢？與其打造一個複雜、昂貴的解決方案，不如構思一個更簡單的免費對策。維基百科、Uber和Airbnb全都澈底翻轉了既有假設。

5／尋找隱喻

誰在不同領域面對過類似的問題呢？能否爲我們的難題找到一個比喻，並且複製別人面對類似問題時採用的部分方法？

6／假冒超級有力人士

我們被某個問題難倒了，誰能輕易解決它？他們會怎麼做？換作是貝佐斯、馬斯克、歐普拉或理查·布蘭森爵士，他們會怎麼處理這個問題呢？想想你最喜歡的歷史人物、虛構英雄或電影巨星，展現他們的特質，從全新的方向去解決問題。

7／改變傳播媒介

我們能大幅改動現有計畫嗎？假如本來要架設一個網站，可以開發一個應用程式來代替嗎？假如本來要寫一篇部落格文章，可以錄一則播客來取代嗎？我們能否改變交付機制、傳播媒介、技術或某些其他重要元素，以便克服障礙？

8／搶占資源

如果你有無限的預算，你會用它做什麼？為了讓事情順利推動，此刻你最需要的單一重要資源是什麼？確認那項工具，趕快去搶占它吧。

9／向外求援

你能向誰求援？我們時常迴避向人求助，因爲我們認爲那會讓自己看起來能力不足、太倚賴別人。但是向外求援往往是最聰明的作爲。你知道誰更有經驗、能力更強、人面更廣，或者比你更聰明嗎？拿起電話請教對方，他們很可能樂於幫忙。

10／考慮從頭來過

你可能已經投入時間、金錢和努力在這個專案上，但是如果能從頭來過，你會有怎樣不同的作爲？你會採用不同素材、不同方法、不同團隊成員嗎？想想你將如何從一張白紙重新開始，能給你強而有力的提示，告訴你該改變哪些事。

試試這些方法，你會發現自己很快又能有所進展。

33 提高你的說服力

你希望自己更有說服力嗎？要怎麼做才能讓人喜歡你、尊敬你，並且聽從你的建議呢？以下幾個橫向思考的好建議雖然簡單，卻能帶來大大的改善。研究顯示，在適當情況下使用這四種簡單的表達方式非常有效。

「我很欣賞你的地方是……」

告訴某人你欣賞他什麼特質，對方會因此喜歡你。這適用於你的上司、同事、伴侶、父母、孩子——可說是幾乎適用於每個人。找出你能真誠讚揚對方的好話，說出來。即使你的上司難搞又盛氣凌人，你還是可以找出值得讚美之處：「我很欣賞你的地方是，你總是思緒清晰，果斷明快。」

這個說法的變體是：「你眞的很擅長……」人人都愛被誇獎。你永遠都能在別人身上找到可以誇獎之處。那麼，就從眞誠讚揚對方的美好氣氛中展開對話吧。這會讓他們心情更好，更樂於接受你說的話。

「請……因為……」

威斯康辛大學一項大型研究發現，在請求的末尾加上「因爲」的說明，獲得正向回應的機率將提高一倍。因此，雖然你可以說：「請在週二之前把報告交給我。」可是如果你說：「請在週二之前把報告交給我，因爲我眞的必須在週三的管理會議前拿到它。」成功機率會更高。

同樣的，你可以對伴侶說：「可以陪我進城嗎？」接著加一句：「因爲我需要你幫忙選一套新衣服。」給別人一個遵從的理由，這會讓他們更有意願配合。

「不過你當然可以不做」

提出你的請求，小小施壓一下，然後用允許對方不做的說法，減輕對方的壓力。比如：「我眞的認爲你該去看醫生，不過如果你堅持，你當然可以繼續什麼都不做。」研究顯示，只要略略減輕壓力，就能提高對方同意的機率。

這個說法的變形包括：「這完全取決於你」「你沒有義務」「這是你的選擇」。所以你可以說：「我認爲是時候該買一輛更可靠的新車了，不過如果你想繼續使用舊車，這完全取決於你。」

「如果你……我就……」

這是任何談判都很好用的說法。把初始的責任放在對方身上，接著再提出你的交換條件。比如：「如果你做完功課，我就買冰淇淋給你。」

當客戶要求更好的價格時，你可以說：「如果您現在付現，我們就給您三％折扣。」千萬別從主動讓步展開談判，而要從提出雙方都能往前邁進的要求開始。你的提議成立與否，要看對方有無採取行動。

在人生的過程中，你我都必須試著達成共識。我們不能只是告訴別人該做什麼，而是得說服他們。秉持堅定真誠的態度，試著使用這些策略，它們會讓你更令人信服、更有說服力。

34 像罪犯一樣思考

你看過《豺狼之日》這部電影嗎？愛德華．福克斯飾演專業殺手「豺狼」，受雇暗殺法國總統戴高樂。這是一部引人入勝的驚悚片，你很難不佩服這個無情殺手的狡詐，最終，你會爲他沒能順利完成大膽計畫而感到失望。

這是一種說故事類型的範例，故事主角是聰明的罪犯。我們覺得他們很迷人。《絕命毒師》說的是化學老師變成大毒梟的故事。《黑道家族》描述黑手黨家族的故事。《黑錢勝地》講述爲販毒集團洗錢者的故事。這些電視影集的主人翁全都是違法犯紀的非正統派主角，是我們應當痛斥的那種人，然而我們卻深受吸引。爲什麼我們會覺得他們如此迷人呢？或許是因爲我們暗自欣羨他們的大膽、勇於冒險、無所畏懼，以及閃避法律的妙招。

我們鄙視普通的罪犯，嘲笑卡在窗戶上、還弄丟贓物的笨賊，卻不由得仰慕犯罪天才。他們是橫向思考者和創新者。我們能從他們身上學到什麼，幫助我們解決日常問題呢？

- **他們勇於打破規則**。罪犯隨時準備好打破任何規則和法律。我們應當遵守法律，但也要準備好挑戰每一條規則和慣例。崔維斯．卡拉尼克創立Uber這家沒有任何一輛計程車的計程車公司時，打破了計程車業的規則。
- **他們會利用弱點**。騙子會尋找保全系統的漏洞，設法利用它。運動教練會尋找對手布局的弱點。將軍會尋找敵軍陣地的弱點。行銷專業人員會尋找競爭對手的行銷弱點。企業領袖和政治領導人會尋找對手的弱點，同時也必須意識到自己可能會遭人利用的弱點。
- **他們會誤導和偽裝**。聰明的魔術師會用一隻手讓你分心，同時用另一隻手掏你的口袋。艾森豪花了很大的力氣，讓希特勒對諾曼第登陸行動產生誤判。他佯裝要進犯加來海峽，而非諾曼第。在許多競爭中，混淆視聽是很聰明的戰術。

- **他們願意冒險且接受失敗**。野心勃勃的罪犯願意承擔計算過的風險。他知道自己有可能被逮，屆時就得吃牢飯，這是他能接受的職業危害。他會一再嘗試。所有偉大的企業家和發明家都是願意承擔風險的人。許多企業創辦人在大獲成功之前都經歷過好幾次澈底失敗。假如我們想要取得更大的成功，就得準備承擔更多風險、更常失敗，並從挫敗中吸取教訓。
- **他們橫向思考**。持續尋找更聰明的替代方案。三十多年前，台灣偷車賊找到一種巧妙方法，既能從失竊車主手上取得贖金，又能躲過警方的追緝。他們靠的是信鴿。他們會留下一封勒索信和一隻鴿子，要求失主將贖金放進掛在鴿子身上的筒子裡，承諾只要鴿子帶著現金返回，就會歸還車子。警方說：「我們用望遠鏡追蹤鴿子，想逮到歹徒，但是牠飛得太高又太快，我們跟丟了。」[20]

我並不是要你變成罪犯，而是主張你有時要像個罪犯般思考。透過思考罪犯或競爭對手會如何利用你的弱點，保護自己和你的事業。透過挑戰慣例和打破規則，看見全新的可能性。做個正直可靠的公民固然很好，可是有時在做法上要點手腕，橫向思考、狡猾機靈是有好處的。像個罪犯般思考，但是要遵守法律！

如果你能像個罪犯般思考，將能幫助你智取對手。這裡要介紹幾個打擊竊賊的橫向點子：

- 即使你根本沒養寵物，也要豎立「內有惡犬」的警告標誌。破門竊盜者討厭狗。
- 找出聰明的藏物地點。大多數人會把珠寶放在床頭櫃、衣櫥或首飾盒中。找個不顯眼的地方。你可以購買外觀像是牆壁插座的小型保險箱。
- 運用誘餌。外出度假時，把幾張小面額紙鈔放進舊錢包中。倘若遇上搶劫，二話不說，拱手交出它。同樣的，把一些人造珠寶和舊手錶放進床頭櫃的廉價珠寶盒中。
- 準備一支與你所有的鎖都不吻合的舊鑰匙，用強力膠黏在大門地墊下方。小偷會發現這是惡作劇，接著抬頭看見你家裝了監視器，他們就會匆匆離去。

35 記憶術：清單掛勾

你可以運用許多訣竅和技巧增強記憶力，幫助你回想起重要資訊。有時候你需要記得一份清單，方便隨時取用，比如說，你需要知道第六項是什麼，第十一項又是什麼。

我推薦你使用這套記憶掛勾技巧。我們用視覺符號，將要記憶的每個項目與編號「勾」在一起。在此我使用的是英文押韻法。掛勾清單如下：

1 One：Ton（英噸）

2 Two：Zoo（動物園）

3 Three：Tree（樹）

4 Four：Door（門）

5 Five：Hive（蜂窩）

6 Six：Sticks（棍子）

7 Seven：Heaven（天堂）

8 Eight：Gate（柵門）

9 Nine：Line（線，如釣魚線）

10 Ten：Den（巢穴，如獅子的巢穴）

11 Eleven：Soccer 11（足球十一人制）

12 Twelve：Shelf（架子）

13 Thirteen：Hurting（疼痛）

14 Fourteen：Courting（求愛）

15 Fifteen：Lifting（舉起）

16 Sixteen：Licking（舔）

17 Seventeen：Leavening（發酵，如發酵的麵包）

18 Eighteen：Hating（痛恨）

19 Nineteen：Lightning（閃電）

20 Twenty：Plenty（豐饒）

假設我們的任務是記住美國前十任總統的名字：

1 喬治．華盛頓

2 約翰．亞當斯

3 湯瑪斯．傑佛遜

4 詹姆士．麥迪遜

5 詹姆士．門羅

6 約翰．昆西．亞當斯

7 安德魯．傑克森

8 馬丁．范布倫

9 威廉．哈里遜

10 約翰．泰勒

大多數人會發現這份名單很難依次記住，但是我們可以透過連結數字圖像與姓氏圖像達成這件事。例如：

1 把一英噸的重物放在喬治華盛頓紀念館的屋頂。

2 亞當和夏娃一絲不掛地在動物園籠子裡。

3 一艘飛船撞毀在樹上。（傑佛遜飛船是美國搖滾樂團。）

4 我們打開門，看見麥迪遜大道就在眼前。

5 瑪麗蓮．夢露的裙襬揚起，站在群蜂飛舞的蜂窩上。（夢露與門羅的英文皆為Monroe。）

6 亞當正吃著插在棍子上的水果，那不是蘋果，而是木梨（quince，音近昆西）。

7 麥可・傑克森在天堂表演他的月球漫步舞蹈。

8 一輛廂型貨車撞上柵門，貨車上有隻鳥，是一隻藍鷦鶯（blue wren，音近布倫）。

9 我們拉起釣魚線，在線的末端發現哈里遜・福特。

10 丹尼爾在獅子的巢穴中，他正在為牆壁貼磁磚（tile，音近泰勒）。

你腦中的圖像愈是戲劇性或荒唐可笑，就愈容易記住它。現在我們可以輕鬆記住前十任美國總統當中的任何一個，而且知道他是第幾任。

假如必須記住四十個或六十個項目，你可以運用不同顏色擴充清單，譬如頭二十項是紅色清單，接下來二十項是藍色清單，再下來二十項是黃色清單，以此類推。所以五是紅色蜂窩，二十二是藍色動物園，五十一則是黃色足球隊。

下次當你有份重要清單必須熟記時，不妨試試這個方法。只需稍加練習，你會對它的效果感到驚訝。

36 記憶術：虛擬旅行

專業演講者會運用一個簡單卻有效的技巧，完美記住他們計畫在演講中涵蓋的主題。這個技巧叫做虛擬旅行，它能讓你輕鬆按照順序記得一份清單。你沿著熟悉的路線展開想像的旅行，比如你的房子、熟悉的道路或居住的城鎮，把你想要記住的事物連結到沿路的不同地點上。

比方說，你想要記住將在會議上發表的一連串要點，前九項是：

1 描述客戶使用你的產品出現問題。
2 你讀中學時發生的一則故事。
3 引述林肯總統的話。

4 歐巴馬的一則軼事。
5 來自亞馬遜公司的圖書行銷實例。
6 大約九〇%企業的一個統計數字。
7 你對新產品或服務的提案。
8 一些好處清單——包括客戶更滿意。
9 一則行動呼籲——你希望大家去做什麼。

你選擇的路線是：

1 你的臥室
2 你的浴室
3 階梯上
4 一樓廁所
5 廚房

6 客廳
7 後院
8 屋前的私人車道上
9 鄰居家門外

因此，你可以想像如下的旅行：

1 你在床邊發現一名生氣的顧客，他正與你的產品纏鬥中。
2 你走進浴室，看見櫥櫃旁有個小男孩——那是你。
3 你走到樓梯口，發現戴著黑帽、蓄著長鬍的林肯上樓朝你走來。
4 你下樓來到一樓廁所，發現歐巴馬坐在馬桶上。
5 你走到廚房，卻發現從地板到天花板堆滿了書——全都來自亞馬遜。
6 你走進客廳，看見牆上寫著大大的數字「九〇」。
7 你望向後院，那裡有你新產品閃閃發亮的大模型。

8 你走到屋前的私人車道上，發現那裡擠滿了滿意的顧客。

9 你推開人群，走到鄰居家門外，在那裡找到了一個擴音器，你用它來大聲疾呼。

等你開始發表演講，只要按照路線神遊，所有的項目就會依照正確次序，出現在你腦中。每一個場景都會讓你想起想說的故事。許多專業演講者都採用這項技巧。你可以運用它記住一場演說、完成一場簡報，或回想一份清單。你應當讓這些視覺圖像引人注目且難以忘懷。稍加練習，你將能完美記得每一個細節。大家會很欽佩你不看講稿，就記住所有重點。

37 做長頸鹿，別做斑馬

Zebra（斑馬）是Zero Evidence But Really Adamant（沒有證據卻非常堅定不移）的縮寫。「斑馬」指的是看待事情非黑即白的那種人，他們對自己的意見很有自信，還鄙視會損害其信念的資訊、事實或科學。川普就是斑馬，舉世皆知他駁斥平衡報導爲「假新聞」。

湯姆·尼可斯在《專業之死》中寫到，如今無知被視爲一種美德，「否決專家的建議，等同維護自主權，這是人們展現獨立於邪惡菁英之外，以及保護其脆弱的自尊心，免於承受得知自己錯了的一種方法。」[21]

《華盛頓郵報》在二〇一四年進行一項民調，詢問受訪者是否贊成美國出兵干預烏克蘭。[22]只有六分之一的受訪者能在地圖上指出烏克蘭的位置，儘管如此，他們仍舊確信這樣的行動是必要的。同樣的，在二〇一五年進行的一項公共政策民調，詢問美國選民，他們是否支持轟炸阿格拉巴。[23]將近三分之一的共和黨選民表示自己支持。不過現實中並沒有阿格拉巴這個國家，它只存在於迪士尼電影《阿拉丁》的世界中。

俄亥俄州立大學在二〇一五年進行的一項研究發現，自由派和保守派兩個陣營同樣都會忽略否定自己看法的科學知識。[24]面對數據時，他們通常會質疑研究的效度，而非重新考量自己的看法。

我們在英國脫歐辯論中看到許多冥頑不靈的斑馬。他們有些人抗拒氣候變遷或疫苗接種的科學，其他則是順勢療法的堅定支持者，儘管它缺乏科學證據佐證。

同樣的，我們在商場上會遇見，儘管所有的顧客研究顯示事情早就發生變化，但企業執行長對自己長久以來一貫的意見仍充滿自大與自信。

當然，專家有可能是錯的，我們應當質疑他們，並且檢驗其假設和方法的效度。不過，忽略他們，只相信我們的直覺是危險的。鐵達尼號船長忽視有關冰山的警告，結果全速衝向災難。

所以別當斑馬，最好是做長頸鹿。長頸鹿有遠見、謙遜、思想開明。牠們會盱衡全局、理解事實、看清危險和機會。經過適當考量後，牠們會甘冒風險，做出決定。牠們朝著那個方向前進，但也能改變主意，承認自己錯了。橫向思考者就是長頸鹿，沒有先入之見，樂於接受有挑戰性的想法。他們有能力質疑自己最珍視的信念。

我們需要多一點長頸鹿，少一些斑馬——尤其在高層。

38 凌亂勝過整潔

據說愛因斯坦曾說過：「如果凌亂不堪的書桌代表雜亂無章的頭腦，那麼空無一物的書桌又代表什麼呢？」

我們在家、在學校、在職場都被鼓勵要保持整潔有序。許多公司訂有乾淨桌面政策。可是有很多證據指出，邋裡邋遢的人更富有創造力，而凌亂的環境可以激發想像力。馬克．吐溫、吳爾芙、祖克伯、賈伯斯、謝家華和愛因斯坦本人的桌面，全都是出了名的凌亂。

艾瑞克．亞伯拉罕森和大衛．佛瑞曼說：「亂，不見得就是無序。一張凌亂的辦公桌可以是一套高效的排序與存取系統。在亂七八糟的桌面上，愈重要、愈緊急的工作往往會被擺在手邊，放在接近雜物堆頂端的地方，至於不理會也無所謂的東西常常會被埋在底部，或者推到後方，這很合理。」[25]

凱瑟琳．沃斯、喬瑟夫．雷登和萊恩．雷希諾這三位研究人員在二〇一三年發表了一篇論文，題目是〈實體秩序會帶來健康的選擇、慷慨大方和循規蹈矩，而紊亂則會產生創意〉。[26]他們在一項實驗中發現，置身雜亂房間的參與者，比待在整潔房間的參與者更有創造力。

經濟學家提姆．哈福特在《亂，但是更好》中主張，我們力求整潔有序根本搞錯方向，因爲混亂具有開放、讓人學習適應、帶來創造力的本質。[27]我們應當欣賞亂的好處。他舉的例子是傑出的爵士鋼琴家奇斯．傑瑞特被要求用一架狀況不及格的鋼琴演奏——它的音量不夠大聲，高音部的琴鍵無法順暢彈奏。起初他拒絕登場演奏，後來他心軟了，演奏出一部不同凡響的獨創作品。在不及格樂器的限制下，他不得不以巧妙的方式即興彈奏。

德國將軍艾爾溫．隆美爾喜歡混亂的局面，因爲他相信自己比敵人腦筋動得更快，反應更敏捷。當他的對手正在仔細準備接下來的計畫時，隆美爾會發動意想不到的突襲——通常是從不太可能成功的陣地。他相信若能製造更多的不確定性和混亂，對他愈有利。哈福特接著把貝佐斯早期經營亞馬遜公司的作爲，還有川普在共和黨初選的出其不意戰術，拿來與隆美爾非常規的混亂手法進行比較。

研究人員凱薩琳．菲利浦斯、凱蒂．李里安克里斯特和瑪格麗特．尼爾進行過一項實驗，比較不同團隊的解決問題能力。[28]其中幾個團隊是由四個朋友組成，其他則是由三個朋友和一個陌生人組成。成員包含陌生人的團隊表現得更好。有趣的是，要求團隊進行自我評估時，全是朋友的團隊誤判自己做得很好，而有陌生人在內的團隊也誤判自己做得不太好。身在同質團體中，會讓我們變得驕傲自滿，局外人則能幫忙挑戰我們的想法。團隊和諧被過度高估。

大城市最大的優勢是擁有各式各樣的社群，以及這些社群產生的無序連結。與只專注在一、兩個經濟領域的城市和經濟體相比，多元化的城市和多元化的經濟體表現得更好，也更有韌性。

教師告訴我們，比起規則明確的標準遊戲，孩童從非正式遊戲中學到的東西更多，因爲他們必須即興發揮並自行制定規則。

哈福特的論點可以用他書中的這句話總結：「我們一再看見，眞正的創造力、刺激與人性，常來自人生中的混亂，而非井然有序。」

如果想成爲横向思考者，我們應擁抱混亂的桌面、多元的社群，以及隨機發生的事。

39 多和有創造力的人往來

根據已故美國企業家吉姆．羅恩的說法，與你相處時間最長的五個人平均後的樣貌就是你。你往來的那些人會幫忙塑造你思考的事，以及你是誰。

我們往往喜歡和背景、興趣、教育、態度與意見相近的朋友聚在一起。這麼做很自在，也很安心，但是它會抑制創造力或獨立思考，甚至還會鼓勵從眾行爲和團體迷思。你和朋友可能在大多數事情上意見一致。普通人的想法多半很平常。如果你想要橫向思考、與眾不同、有創意，那麼你需要擴大交友圈，結識各路英雄好漢。他們不該全都是像你一樣的人。你得讓自己沉浸在充滿尷尬的對話、截然不同的想法、智識挑戰和反向思考者的世界中。

安徒生的童話故事以奇特的主題和鼓舞人心的角色迷倒世世代代的人。他的經典故事包括《醜小鴨》《豌豆公主》和《國王的新衣》。迪士尼動畫《冰雪奇緣》便是改編自安徒生的《雪后》。安徒生的童年並不快樂。他的祖父被送進瘋人院，這個男孩時常去探望他，花時間傾聽那些病患的胡言亂語，那是他許多故事的源頭。他透過造訪精神病院，避開了普通的同伴。

安迪．沃荷隨時歡迎來客，任何人都能在他的工作室逗留。許多創意人聚集在那裡。他們時常對新的藝術作品提出建議，或者幫忙創造它們。沃荷會聽取他們的想法。這個地方變成創新與想像力的溫床。音樂家路．瑞德和地下絲絨樂團也是眾多訪客之一。這個方法得到其他藝術家仿效，也被廣告創意公司採用，因為他們想要很多聰明人互相交流、激盪而生的點子。你能到相當於安徒生的瘋人院或沃荷的工作室這樣的地方，和他人會面嗎？

有些創意天才獨自工作，但也有許多人協力合作。約翰．藍儂和保羅．麥卡尼時常發生爭執，但是他們為彼此的歌曲貢獻很棒的點子。當電視製作人想要製播一齣新的肥皂劇或喜劇時，會找來一群不同的編劇，讓他們一同工作、爭論和歡笑，激發彼此的創意火花。

如果你想得到有創意的點子，就得和有創意的人往來交流。澈底搜尋你的人脈，看看你有沒有認識作曲家、藝術家、作家、建築師、演員、製作人或演藝人員。你認識的哪個人是激進的思想家？哪個人可以提供你新穎的意見、激勵人心的想法？想辦法去培養這類熟人，與他們討論事情。當你正在進行某些創意專案，坦率地邀情他們參與。我保證，他們提供給你的東西，絕對比你那五個最要好朋友給的意見更有價值。

40 化挫折為養分

我們全都會失敗。我們一生中總會經歷不順遂的人際關係、不合適的工作、不及格的考試、不成功的計畫。我們嘗試愈多新事物，就會遭遇愈多失敗。其實，避免失敗的唯一辦法是不做任何新嘗試。因此，橫向思考者肯定會遭遇許多挫折。

重要的是，我們如何應對失敗。它可能是一種下滑狀態，在這過程中，要是缺乏信心，會加劇自己不夠好與無能的感受。不過，失敗也可以是學習經驗和從頭開始的機會。開啓這個歷程的好方法是質問自己幾道嚴厲的問題：

「我能從這件事學到什麼？」

爲失敗負起責任。對，這不全然是你的錯——但有部分是。成功者不找藉口或怪罪他人。他們解決問題。你可以批判，但是要有建設性。試著客觀看待這次經驗，列出發生了哪些關鍵事項，逐項分析，找出學習要點。

「我本來可以有什麼不同的做法？」

你當時有什麼其他選項？你做了什麼選擇？你本來可以如何用不同的方式處理它？現在想想，你當時應採取什麼不同的做法呢？

「我需要取得或改進某些技能嗎？」

這個問題是否暴露出你缺乏某些技能？你可以如何學習或改進？也許你可以求助相關書籍、課程或求教於人。制定一個自我加強計畫，取得你需要的技能與經驗。

「我可以向誰學習？」

你可以向誰徵詢意見？上司、同事或朋友看見事情的發生經過嗎？如果他們是積極又願意支持你的人，請他們給你一些回饋和指引。大多數人不願尋求協助，因爲他們相信那是軟弱、而非力量的表現。錯了，那代表你已經準備好學習和改變。任何好朋友都會樂於幫助你。

「接下來我要做什麼？」

現在就動手擬定行動計畫。你想嘗試類似或不同的事情呢？重新審視你的目的和目標。這樣的逆轉是你旅途中的挫折，不過，把它視爲轉向，而非停頓。現在你可以重新瞄準目的地，規畫新的路徑。

如果你閱讀成功人士的人生故事，特別是發明家、探險家、科學家或政治人物，就會發現他們的職業生涯早期充滿了失敗。愛迪生、華德．迪士尼和亨利．福特就是典型的例子。林肯從政後遭遇許多挫敗，包括輸掉一八五六年的副總統提名，和一八五八年第二次競逐參議員的選舉。然而兩年後，他當選總統。

重點是，把你的挫敗轉化成學習經驗，讓它們變成未來成功的墊腳石。你永遠可以從人生的每個章節中找到正面意義。問你自己這五個問題，能幫助你找到它們。

41 數學中的橫向思考

世界最偉大的數學家卡爾．高斯在一七七七年生於德國。據說他還是小男孩的時候，學校老師爲了讓班上保持安靜，出了這道題目：「計算從一加到一百的總和是多少。」老師以爲加總一百個數字的任務能確保好長一段時間的安靜，沒想到年幼的高斯立刻舉手說出答案。他發現解決這道問題有個又快又巧妙的方法，他做的事正是橫向思考應用在數學上的範例。

解答這個問題最明顯的方法是逐一加總一、二、三、四等等。然而高斯看出，如果將一與一〇〇相加，會得到一〇一，將二與九九相加，也會得到一〇一，將三與九八相加，還是得到一〇一；直到五〇與五一相加，都是如此。全部有五十組一〇一，所以答案就是五〇五〇。

接著試試下面這道問題：

火車A以每小時十六公里的速度從雷丁直接開往倫敦。火車B以每小時三十二公里的速度從倫敦直接開往雷丁。倫敦與雷丁距離四十八公里。火車A出發的當下，一隻蒼蠅從火車A前方以每小時八十公里的速度飛向火車B，一旦牠飛抵迎面而來的火車B，就會立刻掉頭，飛往火車A。同樣的，一旦牠飛抵火車A，又會掉頭飛向火車B，如此持續往返。兩車距離不斷縮短，直到兩輛火車交錯而過，請問蒼蠅總共飛了多遠？

解決這道問題的一種方法是計算並加總蒼蠅的每一段旅程。這麼做不但複雜困難，而且枯燥乏味。其實有個更簡單、更容易的方法：兩輛相距四十八公里的火車，以每小時四十八公里的合速度接近彼此，所以它們要花上一小時才能交會。蒼蠅的飛行速度是恆定的每小時八十公里，因此，牠在這一小時會飛行八十公里。很簡單，對吧！

數學是最純粹、最抽象、最具挑戰性，也最有用的人類智識探索。它可以是高度理論化的，但它也是解決眞實世界中科學、工程、建築和其他許多領域實務問題的重要工具。數學爲橫向思考提供很好的機會，而數學家喜歡找出簡練、新穎方法來解決棘手的問題。

虛數是橫向思考應用在數學上的一個好例子。顧名思義，虛數並不存在，然而它們的確很有用！九的平方根是多少？你可能會說是三。你說的沒錯，可是數學家會說，答案是正負三。因爲正三或負三的平方都是九。那麼，負九的平方根是多少呢？

我們長久以來一直假定，除了零，所有數字不是正數，就是負數。一個正數的平方是正數，而一個負數的平方也是正數。也就是說，沒有任何實數乘以其自身能得到負九，這是從古代到文藝復興時期數學界公認的看法。直到義大利數學家吉羅拉莫·卡丹諾在一五四五年出版了一本叫做《大術》的書，他在書中演示了如何以一種聰明的技巧解三次方程式，它牽涉到使用某個符號代表負數一的平方根，那就是虛數 i。情況很快變得明朗，運用這個不實際存在的數字，能解開許多不同領域的各式各樣問題。今天，虛數被用來解決從經濟學到量子力學的各種方程式。

現在輪到你了，請用橫向思考解決下列三道問題：

1 你面前有兩個同樣容量的玻璃杯，一個裝有半滿的葡萄酒，另一個裝有半滿的水。你舀出一匙葡萄酒，將它混入水中。接著你舀出一匙酒水混合物，將它混入葡萄酒中。請問，此時水杯中的酒是否比酒杯中的水多？

2 一項單敗淘汰制的網球單打錦標賽有七十九名參賽者，請問，必須打幾場比賽，才能決定誰是優勝者？

3 一隻可憐的小蝸牛不小心掉到一口九公尺深的水井底，牠每天能往上爬九十公分，可是每天晚上又會下滑六十公分。請問，小蝸牛得花幾天才能爬到水井頂端？

以上出自我和戴斯·麥克豪爾合著的《橫向思考數學謎題》。[29] 答案在第二九二頁。

42 提防認知偏誤

認知偏誤是思維系統持續的錯誤。我們或多或少都有認知偏誤，從而影響我們的判斷。幸運的是，心理學家對這些現象做了很多研究，讓我們有機會察覺這些思考缺陷，進而排除它們。以下是幾個常見的認知偏誤，橫向思考者可能會在自己和他人身上注意到它們：

- **親近偏誤**。我們往往會對最像我們自己的人產生好感，而且重視他們的意見和判斷，遠勝過他人。
- **錨定偏誤**。我們很容易過分仰賴自己接收到的第一則資訊。舉例來說，假如你向人展示一部車，問他們是否認為這部車的價錢高於一千英鎊，對方的估價通常會遠低於如果你起初問他們是否認為它的價錢少於一萬英鎊。你可以在任何談判中運用這個偏誤，透過率先出價，在別人心中設定期望。

- **權威偏誤**。指順從權威、不用理性去挑戰決定的習性。
- **可得性偏誤**。指的是賦予最近發生或腦海中立刻想到的資訊過高的評價。我們比較相信唾手可得的資訊，往往也會高估了類似事情在未來的發生機率。
- **確認偏誤**。我們傾向於搜尋並看重肯定我們的信念與成見的資訊，而不相信或忽略那些質疑、否定我們的看法與意見的資訊。
- **保守傾向**。總是認為最好能迴避風險。
- **賭徒謬誤**。相信壞運之後會有好運。例如擲硬幣時，連續擲出五次正面後，認為下一次擲出反面的機率會更高。但其實如果硬幣沒有被動過手腳，擲出正面的機率仍舊是五十比五十。
- **月暈效應**。對某人的總體印象會影響我們如何感受和看待他的個性、意見和決定。尤其是外貌吸引力，會影響我們如何評價他們的其他特質。高大、自信的英俊男子提出的看法，會得到遠超過應有的重視。

● **大數法則**。我們可能會被小樣本數的結果誤導。樣本數大小對於統計結果的可信度至關重要。

● **過度自信**。我們往往會高估自己做出正確決定的能力。

● **風險代償**。當人們覺得自己處境安全時，反而會冒更大的風險。戴安全帽的自行車騎士比沒戴安全帽的人發生更多事故。

● **社會認同**。假如很多人都這樣做，它必定是對的選擇。可惜群眾可能錯得很離譜。

● **瑣碎定律**。我們寧可討論簡單易懂且容易補救的瑣碎問題，也不願處理複雜且難以解決的重要議題。

你可以做幾件事幫忙克服認知偏誤，以免它損害你的判斷與決策。首先，你得意識到這些傾向如何影響自己的思維。閱讀這份清單，客觀評估你可能蒙受哪幾項所害。其次，想想你的決策風格與決策過程。例如，你會過度自信或過度迴避風險嗎？最後，刻意挑戰你的偏誤，採取對立的觀點，強迫自己以不同方式思考。

PART 5
職場上的橫向思考
LATERAL THINKING AT WORK

43 讓別人做這件事

在馬克·吐溫創作的小說《湯姆歷險記》中，最著名的一幕是湯姆受罰，必須將圍籬全刷上白漆。他的朋友班·羅傑斯走過來，嘲笑他得工作。湯姆不理會班，假裝專心粉刷。班最後忍不住開口問他是否喜歡做這件事，湯姆回答：「喜歡？這個嘛，我看不出爲什麼我不該喜歡它。有哪個男孩每天都有機會粉刷籬笆呢？」班問湯姆能否讓他試試，湯姆不情不願地同意了。後來，一大群男孩紛紛掏出自己的寶物交給湯姆，換取粉刷圍籬的特權。

這是橫向思考發生作用的例子，湯姆透過說服班和其他男孩有機會粉刷籬笆是很榮幸的事，扭轉了情境。

多年來，你必須在機場報到櫃台排隊，讓櫃台人員登錄你的資料並列印出你的登機證。後來有人想出一個聰明的點子，那就是讓乘客在家透過電腦或手機輸入他們的所有資料、選擇座位、列印登機證，或將它下載至手機裡。這能幫沒有託運行李的乘客節省時間，也能幫航空公司省下爲他們報到這件事。航空公司將部分報到工作轉嫁給顧客是雙贏的做法，後來也獲得普遍採用。

一九五○年代，預拌粉在美國銷售狀況不佳。研究人員恩尼斯特·狄克特受通用磨坊公司委託，進行一項研究。他訪問了許多婦女後指出，預拌粉只需加水攪拌，這麼簡單讓她們覺得內疚，因爲她們幾乎什麼也沒做。他建議，應當讓掌廚的人有點事做——比如在麵糊中加入蛋。狄克特表示，通用磨坊和其他預拌粉廠商遵循這項建議，去掉了乾燥蛋粉。自行加入新鮮雞蛋這件事讓購買預拌粉的婦女對調理過程感覺更好，銷售量也大幅上升。[30] 值得一提的是，狄克特對這個點子成功原因的看法受到某些評論家質疑，他們指出，使用新鮮雞蛋製作的蛋糕本來就比較好吃！

宜家家居的成功之道有部分來自它將組裝家具的差事轉嫁到顧客身上，這使他們能平整包裝商品，降低倉儲和運送成本。只要大家動手做部分工作，就能省錢。

報導指出，野生烏鴉被找來撿拾斯德哥爾摩街頭的菸蒂。[31] 每當烏鴉將菸蒂丟進自動花生餵食器附設的容器中，就能得到食物作爲獎勵。人們認爲，運用這些鳥兒能爲該市省下七五%的清理菸蒂費用。這些烏鴉學習能力很強，而且牠們不吃菸蒂。專家估計，烏鴉具有相當於七歲孩童的推理能力。

Giffgaff是一家英國行動電話公司，從社群支持受益甚多。用戶若在社群中答覆技術問題，可以因提供協助得到小額獎勵。

Outer是戶外家具供應商，他們沒有展示間或零售據點，如果你想要看看這些商品的實際模樣，可以從他們的網站找到住在附近的某個顧客，此人會很樂意向你展示該公司的家具。倘若生意成交，這名顧客就會得到報酬。這家公司透過讓自家客戶提供實品展示，省下設立展示間的高昂費用。

也許你無法讓烏鴉、任何動物、顧客或男孩們做你分內的工作，但你也許可以把事情委託給別人。分析你花時間執行的所有低價值任務，自問：找別人做這些事會不會比較聰明呢？你該花時間記帳、維護網站、安排會面時間，或者打電話聯絡供應商嗎？如果花錢請專人做這些事，而你只要專心處理你眞正擅長且因此得到報酬的事，結果會不會更好呢？

44 為你的產品找到新用途

你曾經拿刀子當作螺絲起子，或者用鞋子權充榔頭嗎？如果你曾這麼做，就是爲某個產品找到製造商沒有預見的應用方式，將它用於其他用途。只要你能橫向思考，這個做法可以爲你的產品或服務帶來豐沛的創新。

戴比爾斯這家鑽石開採公司在一八八八年成立於南非，它專門開採工業用鑽石，作爲機具鑽頭——因爲鑽石是自然界中已知最硬的物質。它在一次極爲出色的行銷活動中，賦予鑽石象徵愛與忠誠的新用途。戴比爾斯創造出訂婚鑽戒這個概念，以「鑽石恆久遠，一顆永流傳」作爲廣告詞，這還獲選爲二十世紀最佳廣告標語。

舒潔面紙本來是爲了卸除化妝品和冷霜而開發的產品，後來該公司發現，人們購買面紙是爲了擤鼻涕，整個行銷策略因而轉變，行銷廣告詞也改爲「別把感冒揣在口袋裡」。

位於奧地利奧滕斯海姆小鎮的達斯公園旅館（Dasparkhotel）坐落在多瑙河畔。這家獨特旅館位於公園內，共有三間獨立的圓柱形房間，都是用汙水排水管改造而成。每間房間寬兩公尺，裡頭有一張雙人床、燈、儲物空間、寢具和一個電源插座。跟露營地一樣，廁所和淋浴間就在附近。住宿旅客還可以在鄰近的「游泳池」——多瑙河中游泳。

「葡萄適」這種柑橘口味的碳酸飲料是英國一名藥師在一九二七年發明的，它原本被定位成保健飲料，在藥局販售，它的廣告詞是「葡萄適幫助你恢復體力」。當時，母親會買給生病的孩子喝。多年後，這個品牌成功地重新定位成運動及能量飲品。同樣的產品主打不同好處，就能推廣到不同市場去。

行動電話的主要功能已不再是電話，而是相機、瀏覽器和應用程式執行器。你偶爾才會撥出或接聽一通電話，它已被改作他用。

Swarfega是一種濃稠的強力洗手凝膠，能去除油漬與髒汙。它是工業化學家奧德利．威廉森在一九四七年發明的，他在英國德比郡貝柏市創辦了一家清潔劑公司。

他的新產品是用來延長絲襪的使用壽命，然而，尼龍絲襪成功取代天然絲襪這件事在他的市場鑿出一個大洞。他聽說機械技師發現這項新產品對於清潔雙手很管用，這項產品因而找到新用途，變成工程公司洗手用品首選。

強效腦力激盪技巧「奔馳法」（SCAMPER）運用七個動詞，爲產品催生新鮮點子。其中，P這個字代表的是「改作他用」，團隊必須爲完全不同的應用想出許多點子。我發現，展開討論的一種好法子是問：「假如方才通過的法律讓我們產品的現有用途變成不合法，我們能爲它找到完全不同的用途嗎？」如果鑽石被禁止用於鑽頭，我們能想出把它用於訂婚戒指上嗎？

觀察顧客如何使用你的產品。有什麼不尋常或奇特的應用嗎？假如有人把你的刀子當成螺絲起子，或者拿你的鞋子權充榔頭，那也許就是創新應用與全新市場的來源。

45 創立谷歌

橫向思考牽涉到嘗試新方法、從其他地方借用點子、詢問「要是……會怎樣？」問題，以及偶然發現有趣事物時能認出它的獨特之處。

卡爾·佩吉和妻子葛洛莉雅都在密西根州立大學服務，卡爾是電腦科學教授，葛洛莉雅教程式設計，兩人在一九七三年迎來兒子的誕生，他們為兒子取名為勞倫斯，不過大家都叫他賴利。男孩在六歲時得到一部家用電腦，是很早期的機型，他很快就學會了程式設計。賴利是早熟的孩子，後來他到他父母服務的大學攻讀商學和電腦科學。畢業後，他向麻省理工學院申請就讀卻遭到拒絕，於是改去史丹佛，結果證明這是個恰當的選擇。他在一九九五年的迎新活動上遇見碩二生謝爾蓋·布林，兩人一見如故，結為好友。他們都很聰明、叛逆，都是怪咖，兩人總是爭論不休。佩吉後來說道：「我認為謝爾蓋相當惹人厭，他對事物有非常強烈的意見，我猜想我也是這樣。」32

布林在一九七四年生於莫斯科，他的雙親都是數學家，但因為他們是猶太人，待在俄國前景有限，便在一九七九年移民到美國。和佩吉的經歷類似，年幼的謝爾蓋得到一部康懋達六四家用電腦當作禮物，並為它編寫程式。他畢業於馬里蘭大學，取得數學與電腦科學學士學位。另一個重要的巧合是，前往史丹佛就讀前，他也被麻省理工學院拒絕了。

兩人都為全球資訊網深深著迷，它在一九九〇年代中期使用人數暴增。佩吉的論文主題是如何評估不同網頁的相對重要性，他從他父母的世界，也就是學術研究中借用了一個想法。學術界評斷研究論文重要性的一種方法是，計算有多少其他論文引用它作為參考來源。佩吉想把這套方法應用在網頁上，不過儘管很容易看出從某個網頁向外連結的數量有多少，卻很難看清有多少其他網站連結至此。接著，他想到一個大膽的問題：「要是我們能下載整個全球資訊網，然後分析所有的連結會怎樣？」

在一九九六年初，當時有超過十萬個網站，擁有超過一千萬份文件和大約十億個連結，而且持續呈指數增長中。佩吉絲毫不畏懼，他寫了一支網路爬蟲，這種程式會一個網站接一個網站地仔細查看，並儲存連結和網址。這個專案叫做BackRub，它很快就長成龐然大物，占用史丹佛大學一半以上的網路頻寬，造成伺服器當機。但是校方很寬容，允許他繼續使用。布林對這個專案的大膽感到驚奇，迫不及待想加入。

他們仍在打造網路分析工具。佩吉後來表示：「令人訝異的是，我從沒考慮過要建構搜尋引擎。我根本沒想到這個想法。」他們想出更聰明的方法，那就是根據導入連結的數量和品質去評估網頁的價值。這時他們才意識到，自己發現了搜尋引擎的運作方式，這比任何東西都更具有價值。他們研發出自己的一套方法，不僅能計算導入連結的數量，如果連結來自具有許多導入連結的網站，也能賦予這樣的連結更高的評分。這是一種新穎的遞迴方法，在評估網站的相對重要性時，能有更高的準確度。

佩吉和布林爲他們的搜尋引擎命名爲Google。原本想要採用Googol（十的一百次方）這個字，也就是一後面有一百個零，不過Googol.com已經有人註冊了，所以他們只得接受Google.com。他們在一九九八年四月發表了一篇論文說明他們的方法，但沒有透露具體細節。

爲了將這個專案商品化，他們拜訪了當時的搜尋龍頭企業——雅虎、AltaVista、Lycos和Excite的執行長，向對方進行簡報，要求一百萬美元作爲取得其專利和工具的授權金。然而每一家公司都拒絕了他們的提議。佩吉後來指出：「這對他們來說並不是一筆重大開銷，關鍵在於他們的領導層缺乏洞見，有很多人跟我們說：『搜尋沒那麼重要。』」爲什麼這些大公司會犯下這樣的錯誤呢？因爲他們相信，獲得流量和廣告的關鍵是增加更多內容。他們認爲人們想要探索網路，而非搜尋網路。

佩吉和布林在一九九八年創立Google，後來它一舉消滅了過去拒絕這兩個學生的所有大公司。

有時候，你會偶然遇見重大創新。這兩名怪咖學生起初並非想要創造搜尋引擎，但他們足夠聰明，能夠在它浮現時看出其潛力。

46 謝家華：Zappos的非凡文化創新者

謝家華，一九七三年生於美國伊利諾州。他的雙親是來自台灣的移民，兩人相識於研究所。他在哈佛大學攻讀資訊工程，是學校裡一支程式設計競賽獲獎隊伍的一員。在學期間，他頂下學校宿舍裡的一家披薩店。林君叡先是他的顧客，後來變成他的朋友，最後成爲Zappos的營運長兼財務長。謝家華大學畢業後進入甲骨文工作，卻只待了五個月，於一九九六年辭職，與人共同創立網路廣告公司LinkExchange。它販賣網頁橫幅廣告，搭著新網站如雨後春筍般湧現的浪頭迅速成長。LinkExchange在一九九八年以兩億六千五百萬美元的價格賣給了微軟。

接著，謝家華和林君叡共同創立了一家專攻新創公司孵化和投資的創投公司。有個朋友問謝家華有沒有膽量開一家公司，取名爲「冒險青蛙」，他就照辦了。他們投資了各式各樣的科技和網路新創公司，包括問答平台Ask Jeeves、餐廳訂位服務的OpenTable，以及網路鞋店Zappos。過沒多久，謝家華在二〇〇〇年加入Zappos，擔任執行長。

他擔心顧客在看不見、也無法試穿的情況下買鞋會感到不安，Zappos提供免運和免費退貨服務，設法讓顧客能輕鬆、放心地上網購物。起初他想要測試線上賣鞋的想法，他只有少許資金，卻刊登了各式各樣的鞋子，其中有許多款式他們根本沒有現貨。每當顧客下訂一雙鞋，謝家華或是他的員工就會衝到大街的商店買下那項商品，然後寄出。這樣的銷售模式賣一雙賠一雙，但是他很快就了解什麼會吸引上網購物的人。

這間公司因卓越的顧客服務博得好名聲，他授權並鼓勵員工竭盡全力幫助顧客。這證明是正確的。他在二〇〇〇年加入Zappos時，它的年營業額是一百六十萬美元。到了二〇〇九年，他讓年營收成長到十億美元，同年，亞馬遜以十二億美元收購了Zappos.com。他從這樁買賣中賺進至少兩億美元，但卻繼續留任執行長，領導該公司。

他顚覆了公司的組織架構，讓它在二〇一三年變成一家沒有職位頭銜的公司，員工可以自行組織。Zappos 被《財星》雜誌評選爲最佳職場之一。謝家華相信，工作有樂趣，不是負債，而是資產。

他在 Zappos 培養的這種獨到文化始自徵才，那個過程比傳統招募方式更漫長，也更複雜。該公司僅錄用所有應徵者中大約一%的人。新人在被雇用之前，會先和幾個員工見面，並參加一場公司活動。Zappos 徵才很緩慢，特別重視文化契合度。

新進員工最初幾週會先在客服中心接聽來電，學習如何回應顧客的需求。這是很有用的訓練，因爲在忙碌的時候，所有員工都得接聽客服電話。新進員工教育訓練有一關是尋寶遊戲，目的是認識其他員工並了解公司的相關事物。

訓練結束時，新進員工會遇上一個相當橫向思考的干預：如果他們此時選擇離職，就能得到三千美元。這是個承諾的測試，Zappos 不想要不熱愛這份工作的員工。如果他們拒絕了這項提議，新進員工會在所有部門員工都出席的「結業典禮」上，得到眾人的歡呼。

Zappos 有一本由員工撰寫和更新的公司文化書。它表達員工對 Zappos 文化的感受，以及他們採取了哪些行動去培養這樣的文化。訪客和任何想要這本書的人都能拿到它。

這家公司爲員工和其家人舉辦各式各樣的社交活動，包括野炊、野餐和電影院包場。經理人會進行文化評量，而非績效考核，而且根據技能測驗決定加薪幅度。

客服中心員工被授權發揮想像力爲顧客服務，讓顧客開心。這個方法確實有效的證據是，該公司超過七五%的銷售額來自回頭客這項事實。該公司的核心價值觀之一是，「要有冒險、創新、開放的精神」。Zappos獨特的精神向來被細心培養，使員工能達成那個目標。該公司以鼓勵員工展現創意和允許員工失敗而聞名。

Zappos公開分享它的經營方式。謝家華在二〇一〇年出版了《想好了就豁出去》一書，描述Zappos的歷史與文化。[33]它衝上《紐約時報》暢銷書排行榜冠軍，並在榜上盤踞二十七週之久。Zappos因爲它的企業價值觀而聲名大噪，它設有一支顧問團隊，幫助其他公司改進它們的文化。它提供領導訓練課程，包括「哇賽學校」。

謝家華熱愛撲克牌遊戲，這也影響了他的經商哲學。他將Zappos遷往拉斯維加斯市中心，以便更加靠近撲克牌桌。他發表在《哈芬登郵報》上的一篇文章，傳達了他從撲克牌學到的商業戒律：

- 強時裝弱，弱時扮強。知道何時該虛張聲勢。
- 選擇牌桌是你能做的最重要決定。
- 永遠為最壞的可能情境做好準備。
- 從沒失手過的玩家，從長遠來看，未必是贏最多錢的人。[34]

他爲拉斯維加斯殘破衰敗的市中心區籌畫了一項重大的重建與振興計畫。他在二〇一三年承諾將投入三億五千萬美元到這項計畫中。起初，這是爲了規畫一處讓Zappos員工能安居樂業的地方，沒想到這願景逐漸擴展爲創造一個讓數百家小型企業與創業者能蓬勃發展的環境。

謝家華在擔任Zappos執行長二十一年後，於二〇二〇年八月退休。不幸的是，同年十一月，他在康乃狄克州新倫敦一處民宅火警中受傷。他被消防隊員救出，送醫治療，隨後卻在他四十七歲生日前兩週因傷重不治身亡。

謝家華做了許多巧妙安排，讓他的顧客又驚又喜。他爲Zappos注入傑出服務與充滿樂趣的企業文化。他授權員工嘗試新鮮事物。他不但是橫向思考者，也是優秀的企業家。

47 化缺點為長處

我們都有優點和缺點，無論個人、國家、企業或產品都是如此。思想僵化的人也許沒有意識到自己的弱點，但思想開明的人可以冷靜地評估自己的缺點。明智之舉是盡量縮小你的缺點，或多做些能彌補缺點的事。較爲橫向思考的方法則是強調你的限制，並將它轉化爲優點。如何做到這一點呢？讓我們看個例子：

比起其他啤酒，一品脫的健力士黑啤酒得花更長時間倒酒，這看起來是個缺點，但健力士的行銷團隊選擇將自家廣告重點放在緩慢倒酒和飲用者的殷切期盼上。他們選用的廣告詞是「美妙樂事只屬於耐心等待的人」。

同樣的，亨氏番茄醬比其他番茄醬更黏稠，倒出來的速度更慢，所以亨氏的廣告和宣傳鎖定這一點，標榜這是產品品質優異的體現。他們暗示，稀薄的番茄醬品質較差。

尤爾根·克林斯曼是非常出色的德國足球員，在一九九四年加入英超托登罕熱刺隊。他起初並不受球迷歡迎，因爲他的「假摔」很出名——爲了爭取自由球或罰球而假裝對手犯規。他巧妙扭轉了這個印象。每當他拿下漂亮的一分後，就會滑稽地假摔，詼諧地模仿自己。從那時起，只要他或隊友得分，他們就會做出假摔，球迷愛死它，還有他。

許多公司都有客服全在忙線，讓來電者等候多時的問題。上一章提到的網路鞋店 Zappos 透過在客服專線上錄製不同的幽默訊息，扭轉這個問題。該公司每天都由不同員工負責錄製這些留言，員工因而有機會展現自己的創意。例如在萬聖節前夕，預錄的訊息內容是：

「不給糖就搗蛋，聞我的臭腳丫，Zappos 客服不會被打敗。嗨，我是安珀，我是金柏莉，我們來自產品資訊支援團隊，我們將在這陰森可怕的十月三十一日，主持今天的每日問候。」

每通來電都以「按四，聆聽 Zappos 的每日笑話」收尾，會有另外兩名員工說一則笑話給你聽。Zappos 將客服專線經常得排隊苦候的老問題扭轉爲成功的口碑行銷。

比薩斜塔因爲它的瑕疵而聞名於世。你的產品有什麼缺陷嗎？列出它們，接著集思廣益，想法子將它們扭轉成你可以充分利用的特點。你有什麼好方法能將缺點變成長處嗎？

48 移動電熱水壺！

麻省理工學院教授艾力克斯．潘特蘭將員工識別證和GPS定位技術結合在一起，讓他能觀察某間辦公室裡工作者的活動情形，就像我們觀察成隊的蟻群在地面上穿梭。他把自己的發現寫進《數位麵包屑裡的各種好主意》這本書中。[35] 他指出：「電子郵件跟生產力或創意產出幾乎沒有關係。我發現，社會性學習的機會數量是影響企業生產力的最大單一因素，而社會性學習通常是透過非正式的面對面互動而來。」他進一步說明：「大多數時候，在大多數地方，創新是一種群體現象。最有創造力的人其實是那些四處走動、從許多不同的人身上得到各種想法的人，他們把玩那些想法，跟其他人交流它們。」

你可能在淋浴或開車上班途中想到一個很棒的點子，但是要發展與改進那個主意，你需要和同伴直接對話。它有點像是爵士樂的即興演奏，某個音樂家率先演奏一段主旋律，其他樂團成員會接下去，將它帶往不同方向。因此，你應當鼓勵職場的社交往來、聊天與協同合作。

布魯斯・戴斯利曾是推特歐洲區副總裁，後來主持熱門商業播客《吃、睡、工作，周而復始》，在二〇二〇年出版《工作之樂》一書。[36]他在書中針對「修復你的工作文化，幫助你重新愛上你的工作」提出三十條建議，其中一條是根據潘特蘭前述著作內容改編而成，它是這麼寫的：移動電熱水壺。如果你想要改善協同合作與創新，那麼請認眞思考飲水機、咖啡機和電熱水壺的擺放位置。如果你希望兩個部門能順利攜手合作，不妨在他們之間放置某種共享的資源，比如電熱水壺。布置非正式互動的軟性空間，也許擺上幾張沙發，鼓勵非正式討論。此外，如果你鼓勵同仁在家工作並倚賴電子郵件互相溝通，那就是抑制創新和協同合作。

辦公室的風格、格局和裝潢會以意想不到的方式影響眾人。研究人員發現，圓桌會導致冗長的討論，長方桌能帶來更快速的決策。

沒有座椅的會議比起正常會議少了三分之一的開會時間，這一點也許並不讓人意外。

研究人員還發現，會議室的天花板高度也會影響會議結果。[37]據說挑高的天花板會鼓勵大家以更有創意的方式思考，低矮的天花板則不利於想像，使眾人以受限的方式思考。因此，如果你想要進行一場有效的腦力激盪，不妨選擇頭頂空間充足的場所。

此外，牆壁顏色也很重要。灰色或白色之類的中性顏色會抑制活力和熱情，德州大學室內設計課程主任南希．柯瓦勒克發現，這些顏色可能會導致更多錯誤。比較好的顏色選擇是淺藍綠色，它能增進和平、冷靜的感受，讓人想起天空與海洋。[38]

49 關注機會，而非問題

兩組工程系學生拿到類似的任務——設計車用自行車架。第一組看過設計不良的現有車頂式攜車架，他們思索現行設計的所有問題，準備著手想出更好的設計。第二組沒看過那個效能不彰的車頂式攜車架，他們只是被告知要設計出一款真正好用的自行車架。結果第二組提出非常巧妙又有效的設計。第一組專注在解決既有設計的問題，限制了他們的思考。

這項研究是由大衛．詹森和史蒂芬．史密斯這兩位研究人員所執行，大衛．尼凡在《解決問題，別管大白鯊》書中提到了這項研究。39 這書名指的是當年尚未成名的導演史蒂芬．史匹柏，在一九七四年拍攝電影《大白鯊》時遇上的問題。劇本中，一隻巨大鯊魚會出現在多場戲中，可是他們使用的機械模型鯊魚一再出現技術故障，不斷失靈。電影拍攝進度已遠遠落後，預算也超標，雪上加霜的是，那隻鯊魚就是無法運作。史匹柏做了橫向思考，他把開頭場景出現鯊魚的所有鏡頭全部剪掉，改用約翰．威廉斯創造的精采主題曲暗示鯊魚現身。電影觀眾發現，他們想像的水底生物格外令人恐懼。影評家和觀眾對這部片讚不絕口，它也讓史匹柏躍升爲名導。

當我們遇上問題時，往往會將所有精力放在問題本身的特點上，而不是著眼於整體情況和它提供的機會。專注在問題上，會限制我們構思更不同凡響的主意的可能性。如果你是一九五〇年代的眼鏡製造商，而你關注的是使用者遭遇的問題，就可能會推出各種改進措施，比如更輕的鏡架或防刮鏡片。如果你關注的是眼鏡的種種限制，那麼你肯定會錯過使用橫向思考對策來解決顧客問題的機會──你不會想到隱形眼鏡或雷射矯正治療。

當崔維斯．卡拉尼克在二〇〇九年無法在巴黎招到計程車時，他思考這個問題。我們多數人可能會問：「如何才能招到更多計程車？」但他無視計程車短缺，而是思考總體情況，提出一個完全不同的問題：「要是我們能利用巴黎所有駕駛人的能力，讓他們收費載客會怎樣？」他創辦了Uber。

旅宿業者透過分析問題，專注於改善他們的旅館。Airbnb這家公司是由布萊恩．切斯基、內森．布萊卡斯亞克和喬．傑比亞在二〇〇八年創立。他們無視旅館的問題，整個從頭來過。他們爲住宿的買賣雙方設計出一個交易市集。他們沒有建造任何旅館，而是設立一個網站和一個應用程式。Airbnb是原始名稱AirBedandBreakfast.com的簡稱。

每個問題都代表了一個創新的機會。別捲入問題的細節中，橫向思考，澈底繞過問題本身。

50 沒有音樂的音樂專輯

「狼吻」（Vulfpeck）是一支以密西根州安娜堡爲根據地的美國放克樂團，由傑克．史崔頓於二〇一一年創立。這支樂團想要爲他們規模小但忠誠的粉絲舉辦巡迴演出，問題是，他們沒有錢做這件事。解決這個問題的傳統做法，是透過群眾募資、門票預售或賣出足夠的下載來籌錢。但是這些做法全都很困難，所以這個樂團想出一個瘋狂點子，那就是利用大型音樂串流網站 Spotify 版稅模式的漏洞。

狼吻在二〇一四年發表一張叫做《Sleepify》的專輯，裡頭包含十首無聲樂曲，每首長度大約三十一秒。播放這張專輯時，你聽不見任何聲音。他們在 Spotify 上發布它，請求粉絲整夜循環播放。專輯名稱反映出在睡覺時播放它的想法。只要每首樂曲播放至少三十秒，Spotify 就會支付音樂創作者少許金額。Spotify 的資金來源是廣告和訂閱。

狼吻的粉絲熱烈響應，累積出數十萬次的播放量。他們從Spotify賺得大約兩萬美元的版稅，果眞在二〇一四年九月舉辦巡迴演出，開唱地點包括美國東西岸，從紐約到舊金山的六大城市，免費入場。這場叫做「Sleepify巡迴演唱會」的表演，爲樂團贏得大量關注和名聲。

〈圖1〉是《Sleepify》這張專輯的曲目清單。

提姆．瓊斯在《衛報》上對

〈圖1〉

這張專輯寫了一篇滑稽搞笑的評論，他寫道：「開場曲〈Z〉無疑設定了整張專輯的基調。這是一首幽微、迷人的作品，撩撥著聆聽者期待接下來會出現什麼。緊接著登場的〈Zz〉和〈Zzz〉沿用類似的抒情主題，並保持《Sleepify》首重的極簡美學。」[40]

這張專輯創新的版稅計策，得到從巴西到俄羅斯的全球媒體報導。Spotify的回應也很幽默，他們稱這個主意是「巧妙的噱頭」，並支付了應付版稅，但是七週後，他們下架這張專輯並修改了服務條款。

有什麼能比沒有音樂的音樂專輯更加橫向呢？

51 橫向行銷：離譜的好處

今日，我們得承受來自四面八方的訊息轟炸，因此你很難被人聽見。你的創意點子要引人注意的一種橫向方法，就是離譜地挑釁。

強納森．史威夫特牧師是著名的盎格魯—愛爾蘭諷刺作家，最知名的代表作是《格列佛遊記》。他在一七二九年發表了一篇名為〈野人芻議〉的文章，文中建議窮人應當將自己的孩子賣給富人當食材，他寫道：「健壯的幼童是美味、營養又健康的食物，燉烤烘煮皆宜。」他接著列舉這麼做能帶來哪些經濟面與社會面的好處。很多人對這番言論感到非常憤怒，有些人還把它當眞。直到文章末尾，史威夫特想激怒讀者的用意才顯露無遺，接著他概述他認為可以改善窮人困境的改革。

史威夫特駭人的挑釁言論是有理由的，他的〈野人芻議〉產生了深遠的影響。

沒有人會注意到嚴肅且普通的改革倡議。史威夫特下猛藥，想引發眾人產生快速反應。他想碰碰運氣，他無視眾人指責，冒險行事，而它奏效了。

澳洲新南威爾斯交通局在二〇〇七年舉辦了一項極具爭議、但很成功的反超速行銷活動。先前的活動重心放在事故與超速危險的宣導上，但成效不彰。新的電視廣告內容顯示，超速的男性駕駛人開車通過時，女人會搖動自己的小指頭——這個手勢象徵陰莖短小。[41] 後來這個手勢廣為流行，這個尖銳的行銷活動也贏得許多獎項。你可以在YouTube上觀賞這支廣告。

這支廣告引來性別歧視的投訴，但是成效絕佳，約有六〇%的年輕男子表示，這支廣告讓他們反省自己的駕駛習慣。「超速，沒有人會認為你很大（很厲害）」的廣告拿下澳洲最有成效廣告首獎。它挽救了許多人命，也省下兩億六千四百萬澳元的交通事故醫療費用。

當傳統手法失靈，是時候嘗試激進且橫向的法子——比如挑戰年輕超速駕駛人的男性氣概。

人很容易覺得被冒犯、玻璃心碎，因此我們多會避免衝突，盡可能彬彬有禮、人畜無害、平淡乏味。但是爲了突圍，把我們的訊息說清楚，或許值得惹惱眾人。

二〇一〇年，博彩公司派迪鮑爾的一支電視廣告震撼全英國。廣告中，盲眼足球員踢著一顆內有鈴鐺的球。一隻脖子上繫著鈴鐺的貓走進足球場，意外被某個足球員從地面一腳踢起，飛進樹梢。這時旁白說：「我們無法取回那隻貓，但如果你在派迪鮑爾下注，你能拿回你的錢。」這支廣告收到創紀錄的觀眾投訴，許多投訴來自愛貓人士，還有年長婦女。可是派迪鮑爾並不在乎，因爲這支廣告的目標對象，也就是年輕男子，覺得它很搞笑，引起他們的共鳴。

英國在二〇一三年發生了一件影響遍及全國的醜聞，那就是在多種不同的絞肉產品中發現了馬肉。英國人對此非常震驚。在英國，你絕對不會吃馬肉。派迪鮑爾抓住這個時機，爲了利用這件醜聞，他們隨著年度財報出版了一本馬肉食譜，食譜的副標是「從馬廄到餐桌」。大多數人看見的是滑稽有趣的那一面，使得訊息順利傳達。

對輕鬆的主題來說，幽默和爭議相輔相成。然而，評估你的受眾很重要。誰會不開心？激怒虔誠的基本教義派或偏激的獨裁者非常危險，但是惹惱愛貓的老奶奶，這是可以接受的風險。

厚顏無恥的行銷成本便宜，但需要勇氣、創意和速度。它可以產生廣泛的報導，同時傳達出你靈活又大膽的訊息。但這種行銷不是有可能惹惱某些顧客嗎？沒錯，正是如此。平淡乏味的行銷不會得罪任何人，但也不會有人記得。

尖銳的行銷可能惹惱人，卻會被牢牢記得。假如沒有人投訴你的廣告，可能是它太無趣了。

在我們所處的這個世界，你得做點讓人意想不到的事才能被聽見。倘若你有重要的訊息想表達，評估風險後，不妨考慮採用幽默或挑釁的表現手法。避開理所當然，要直言不諱，引發爭議，甚至厚顏無恥。

52 橫向行銷：熱門時事哏

布萊德．彼特與安潔莉娜．裘莉在二〇一六年十月十九日宣布仳離，這是震撼全世界的重大新聞。七十二小時後，挪威穿梭航空宣布推出倫敦飛洛杉磯的特惠航班行銷活動，並附上這樣的訊息：

演員，洛杉磯，剛恢復單身，很有幽默感，尋找興趣相投的伴侶。

他們接著刊登一則平面廣告，廣告標題「布萊德單身」旁邊就是飛洛杉磯的票價。這項厚臉皮的行銷活動立刻在網路上爆紅，引來四面八方的大幅報導。該公司行銷副總在《行銷活動》雜誌中表示：「即時行銷給了我們一個機會，迅速展現我們的品牌個性，所以我們做了一則逗趣的平面廣告，標題簡簡單單，就『布萊德單身』。大眾接收到這則廣告企圖傳達的幽默，現在已經爆紅了。」[42]

二〇〇四年的歐洲足球錦標賽，英格蘭在八強賽對上葡萄牙。英格蘭隊的索爾．坎貝爾踢進精采的一球，卻遭到瑞士裁判烏爾斯．麥亞判定進球無效。英格蘭隊接著因罰球沒進，輸掉比賽，英國球迷群情激憤。比賽翌日上午，阿斯達眼鏡（Asda Opticians）發表一份新聞稿，宣布提供英國境內的瑞士公民免費視力檢查。[43]這是一項大膽的時事宣傳活動，來自某個機靈的聰明人注意到這個機會，加上某個資深行銷總裁立即批准這份放肆的聲明。

很少有公司足夠靈活，能在短短幾小時內發動一項大膽的時事行銷。一般來說，這樣的決定必須從風險控管部門開始，通過漫長的核准流程。

漢堡王在一九九八年四月一日宣布推出全新的左撇子漢堡，他們在《今日美國報》刊登全版廣告，宣布這個餐點新選項。左撇子華堡是專門爲三千兩百萬名左撇子美國人所設計，所有的華堡食材和佐料全都旋轉一百八十度。數千名顧客湧入店內點這項產品，其他顧客則堅持自己想要傳統的右撇子漢堡。漢堡王隔天發布一份新聞稿，指出左撇子漢堡只是一場惡作劇。該公司靠這個噱頭博得許多商譽和宣傳。

前一章曾提到派迪鮑爾在二〇一三年抓住馬肉醜聞的機會，發表了一本馬肉食譜。那是個非常搞怪的舉動，得到許多報導。

話題行銷和厚臉皮行銷都不用花大錢，但需要勇氣、創意和速度。它可能因而帶來大幅報導，也傳達出你靈活又大膽的訊息。

但是這種行銷不是得冒著得罪某些客戶的風險嗎？沒錯，確實如此。當然，你不會故意冒犯客戶——除非你是瑞安航空。瑞安航空執行長麥可・歐黎瑞接受《行銷活動》雜誌訪問時表示：「負面宣傳比正面公關賣出更多機位。」[44]不用擔心你的品牌會因某些惡作劇行銷活動而受到損害，該擔心的反而是它在資訊超載的世界裡被人遺忘。

如果你的行銷預算很吃緊，不妨試著跟風時事話題，這是能創造出真實影響力的橫向方法。

53 移植點子

橫向思考有一項重要的技巧是，把某個領域的點子移植到完全不同領域中，也就是我們在團體腦力激盪方法中介紹過的「明喻」。

阿根廷汽車技師荷亥．歐東在二〇〇六年發明了一種簡單裝置，拯救無數母親與嬰兒的性命。他看了一支YouTube影片，介紹如何從酒瓶中取出軟木塞，祕訣在於將一只塑膠袋塞進酒瓶中，吹氣讓袋子膨脹，包住軟木塞，然後把塑膠袋往外拉，軟木塞就會一併被拉出瓶外。他靈機一動——運用相同原理，應該也能將難產的嬰兒救出來。

他逐步發展這個構想，並與其他人討論，大多數人認為他瘋了，但他沒有放棄。他為這個概念申請專利，還得到世界衛生組織的支持。他發明的裝置如今在許多國家被用來拯救人命。他把解決某個難題的主意應用在醫療照護問題上。

年輕的美國科學家暨發明家克萊倫斯．伯茲艾，在一九一六年以皮貨商的身分前往加拿大。他注意到當地人在冬季捕到魚之後，會立刻用冰保存，那些魚就不會變質。等他回到美國，便著手發展這個點子，待時機成熟，他開創了冷凍食品業。

亞歷山大．貝爾研究人類耳朵的運作方式，他改造耳朵中鼓膜的構造，創造出電話中振動的膜片。

亨利．福特看見肉品包裝工廠採用生產線後，複製了這個主意，把它移植到汽車製造上，使汽車產業大為改觀。之後，雷．克洛克又從汽車工廠複製這個主意，將它應用在他的連鎖餐廳麥當勞上，發展出速食業。

海倫．巴奈特．狄瑟涵是MUM體香劑公司的化學家，她想找到塗抹液體的新方法，她複製原子筆的概念，把它改造成滾珠式體香劑。

丹麥建築師約恩．烏松因建造雪梨歌劇院這棟全球知名的地標建築物，贏得建築界最高榮譽普立茲克建築獎，他的設計是以帆船的風帆為基礎。

兩個史丹佛大學的學生在一九九六年尋找評估網頁重要性的方法，他們向學術界借用點子。在學術界，研究論文的重要性取決於有多少其他論文引用它。賴利·佩吉和謝爾蓋·布林當時必須將整個網際網路下載到史丹佛的伺服器上，以便運用這個概念，計算每個網頁的導入連結數目。他們偶然發現了將網頁排序並能檢索網頁的一種強大方法，隨後把這個想法發展成Google。

橫向思考爲的是尋找解決問題的新方法。此刻你面臨的挑戰，跟前人面對的許多問題類似，只是兩者的時代和環境不同。因此，不妨在不同舞台上尋找類似的問題——藝術、娛樂、運動、軍事、醫藥、教育、建築等等，那裡有豐富的創意點子，其中有部分可以移植到你的領域中。

54 咖啡館文化

咖啡館向來是孕育創新和橫向思考的場所，咖啡館老闆會設法創造新奇的空間吸引顧客，做出差異化。有許多複合式咖啡廳將咖啡與理髮店、書店、自行車維修店或律師事務所結合在一起，其中既有創新的商業模式，也有富創造力的環境。以下是幾個引人注目的例子：

東京高圓寺的原稿執筆咖啡廳（Manuscript Writing Café），窗戶上的看板寫著：「這是趕稿者專用的咖啡館。」店裡有三條規定：

1 顧客進店時必須先聲明今天寫作稿件的性質、需要完成的字數，以及預計何時完成。

2 店長每個小時都會檢查你的進度。

3 除非完成目標，否則不得離開。

寫作者坐在狹窄的櫃檯前，中間以塑膠隔板分開。他們一邊喝茶或咖啡，一邊在自己的筆記型電腦上工作。店內沒有音樂或其他令人分心的事物。

「我們不提供食物或精品咖啡豆，我們提供的服務是專注。」咖啡店老闆川井拓也表示。

對於有截稿壓力，但不想在家、在大學或辦公室工作的特定族群來說，這裡是理想的工作場所。[45]

紐約的貓咪會客室（Meow Parlour）是一家貓咪咖啡館，愛貓人士可以在眾多貓咪的陪伴下享用咖啡。這些貓可摸可抱，還可以認養。這間咖啡館也爲貓奴和他們的寵物準備多種伴手禮。

馬麥醬在倫敦蘇活區開了一家快閃咖啡廳，販賣以馬麥醬爲主要成分的點心和咖啡。它的收費方式很獨特——由情緒決定。當你來到店內，得先透過自己的社群媒體帳號登入一個應用程式，它會分析判斷你是「愛人者」或「恨人者」。假如你的推文和發文大多是正面的，你的馬麥醬土司和咖啡就免費。如果它發現你向來憤世嫉俗、愛挑剔或不友善，你就會被收取全額費用。這款應用程式叫做Love-O-Meter。對於在社群媒體上很活躍的一群朋友來說，知道誰是愛人者、誰是恨人者，是個有趣的體驗。[46]

連鎖咖啡館Ziferblat扭轉了咖啡廳的經營模式，他們自稱是「反咖啡館」，店內提供免費的咖啡和餅乾、高速無線網路，以及良好的工作環境，你只需按照待在那裡的時間付費（以分鐘計費）。這間連鎖咖啡館從俄羅斯起家。Zifferblatt這個字在德文和俄文中指的都是「鐘錶盤」。[47]

伊斯坦堡的華特咖啡工坊（Walter's Coffee Roastery）靈感來自影集《絕命毒師》，它以化學實驗室爲設計概念，還拿影集中的物件當作特色，包括牆上一張巨大的週期表，使用燒杯和實驗室玻璃器皿作爲咖啡杯。部分員工身穿黃色連身衣褲，店內提供仿冰毒的藍色結晶糖霜杯子蛋糕，非常適合《絕命毒師》與主角華特·懷特的粉絲光顧。[48]

下一次你需要橫向點子時，不妨上咖啡館慢慢喝杯咖啡。最好選一家獨特、有啓發性的咖啡館，也許它正是你需要的鞭策。

55 爐子上正在煮什麼？

跟咖啡館一樣，餐廳也爲創意、創新和橫向思考提供絕佳的展現機會。有進取心的餐廳老闆總是不停尋找能讓自家餐廳與眾不同的聰明辦法。他們顯然可以從菜餚和菜單上做各式各樣的變化，但他們也可以從地點、裝潢、營運模式和顧客體驗著手創新。這裡有幾個突出的例子：

澳洲雪梨的凱倫餐館（Karen's Diner）鼓勵員工對顧客無禮，提供差勁的服務。他們期待顧客因此抱怨、發洩怒氣、釋放被壓抑的挫敗感。來這裡吃飯，你會得到一頓美食（好不容易）和一頓脣槍舌劍。他們在網站上宣稱：「我們討厭優質服務。我們保證，這將是你此生吃過最有趣的漢堡。」

西班牙濱海略雷特的災難咖啡館（Disaster Café）提供顧客體驗模擬芮氏規模

七·八強震的機會。客人除了享用國際美食，也能體驗坍方和外星人造訪，非常適合團體造訪。

德州聖安東尼奧的通心粉燒烤餐廳（Macaroni Grill）週末總是高朋滿座，但是平日的週一、週二，來客數卻很少。店東決定，每個月的某個週一或週二，店內用餐全數免費招待，可是不會先說是哪一天。大家總是打電話到店裡問：「是今天晚上嗎？」但是得等他們到了現場，答案才會揭曉。口碑傳開後，生意也增加了。

菲律賓聖巴勃羅的Labassin瀑布餐廳，位在一座美麗的天然瀑布中，客人全都赤腳坐在椅子上，讓水流過他們的雙腳和腳踝，享受這獨特的體驗。

德國紐倫堡的's Baggers宣稱自己是全球第一家，也是唯一一家雲霄飛車餐廳。店內沒有服務人員，你得在店內提供的平板上點餐，然後你的餐點會順著蜿蜒的金屬軌道，滑到你的桌上。

泰國的Soneva Kiri度假村的鳥巢餐廳蓋得像是一系列的眞鳥巢。它們位在距離地面約五公尺高的樹上，服務生利用專門建造的鋼索，運送你點的食物和飲料。

馬爾地夫的Ithaa海底餐廳則採用完全相反的做法，它蓋在海平面下約五公尺深的海中，賓客可以透過玻璃穹頂，在熱帶魚群環繞下享用餐點。它號稱是全世界第一家全部以玻璃建造的海底餐廳，被《紐約每日新聞報》譽爲「全球最美的餐廳」。

荷蘭阿姆斯特丹的兒童廚師咖啡館（Kinderkookkafé），所有員工都是十三歲以下的孩童，他們準備食材、料理食物、上菜、收錢，樣樣包辦，父母可以享用自己孩子創作的餐點。這家咖啡館歡迎所有人光臨，不過上學日可是不營業喔！

56 奇怪組合

在網路上搜尋「奇怪的食物組合」，可以找到幾百則結果。不同食材的奇怪調製，似乎是部落客和影片製播者鍾愛的話題。下面是他們推薦大家可以試看看的幾種組合：

- 培根和巧克力
- 薯條和冰淇淋
- 花生醬和醃菜
- 薩拉米香腸和葡萄
- 覆盆子果醬和炒蛋

●巧克力和起司披薩
●香草冰淇淋和醬油

這些是「結合想法」這個存在已久的現象的當代實例。大多數的創新都不是全新的，而是結合或改造既有想法。

印刷機是人類有史以來最重要的發明，它是由約翰尼斯·古騰堡於一四五〇年在史特拉斯堡創造的。在這項發明誕生前，書籍的生產得靠手工抄寫或木板蓋印。古騰堡結合了硬幣印花模的可變動性和葡萄榨汁裝置的力量，發明了活字印刷術，改變了整個西方世界的知識與想法傳播。它是促成宗教改革、文藝復興和科學革命的關鍵。

美國行李箱公司的老闆伯納德·沙道，在一九七二年取得帶輪行李箱的美國專利。他爲行李箱裝上一條帶子和四顆腳輪，並且說服梅西百貨進貨販售。起初這個點子遭遇些許抵制，因爲男人認爲拉行李箱，比扛行李箱少了幾分男子氣概。如今，沒有腳輪的行李箱反而罕見。

你可以在產品或服務上增加什麼，讓顧客覺得它變得更好呢？不妨試著將一系列外來的概念和你的主要產品或服務結合，看看會得到什麼。

樂高把玩具和管理訓練擺在一起，想出一種嶄新的企業策略，也就是管理團隊運用樂高積木建立商業模式。巴黎萊雅結合藥品和時尚兩個世界，開創出獨特且成功的策略。

選出某個產品，思考以某種荒謬方式讓它發揮作用。英國發明家崔佛．貝里斯發明了發條收音機。這是多麼奇怪的組合！收音機需要電力，發條則是一種機械方法。電池或市電無疑是提供收音機動力的較佳選擇，然而在發展中國家，電池很昂貴，而市電的供應並不穩定。貝里斯打造的這種可靠的收音機，則是手搖發電，它改變了地球上最窮困地區的資訊可得性。

你可以應用同樣的過程結合夥伴。想想能與你共事的不同個人或組織，結合你們的不同技能，可以創造出對市場而言是原創的方法。下面是幾個跨界的例子：

- 樂高集團和 Levi's 攜手創造出一系列的聯名服飾，包括連帽上衣、牛仔褲、夾克、帽子與T恤，每件服飾都有一塊底板，可以扣上樂高的豆豆顆粒。

- 帕華洛帝和愛爾蘭搖滾天團U2聯手表演。他們將截然不同的聽眾聚在一塊，這些聽眾可能從未想要聆聽對方那樣另類的音樂類型。同樣的，紅髮艾德也和安德烈·波伽利一同登台表演。
- 賓士和Swatch聯手創造出革命性的Smart汽車。一家素有威望的汽車大廠和一間時尚的鐘錶製造商，共同構思出前所未見的創新都會小車。
- Gucci和迪士尼在二〇二〇年推出米奇系列的聯名商品，包括T恤、飛行員夾克、包包和飾品。

幾乎每個新點子都是不同概念的結合。因此，產生點子的一種絕佳方法，就是強行組合各種可能性。召集你的團隊，針對如何混合你的產品與截然不同來源的其他東西，進行腦力激盪，把它發揮到極致。你的關鍵概念如何和隨機的產品、服務、地點、個性等等相結合呢？這個組合愈是怪異奇特，觸發的想法也就愈是新穎獨創。

不妨研究顧客如何使用你的產品或服務。他們會把它和其他產品一起使用嗎？

你是不是能創造出某種組合，讓顧客感覺事情變得更輕鬆了？就像飲料公司改變做法，預先將琴酒和通寧水混合好，推出罐裝調酒那樣。

57 要是上司不願冒險怎麼辦？

橫向思考者在職場上經常遇見的問題是，上司對新想法不感興趣，他們專注於按照既有方式做事，不喜歡嘗試新鮮事。你能怎麼辦呢？以下幾個方法肯定有幫助：

1／了解他們的目標和動機

推銷想法就像推銷任何其他產品一樣，你必須了解客戶的需求、動機和優先事項。對你的上司來說，爭議的敏感問題是什麼？他們眞正擔心的是什麼？驅使他們的是自尊心、自我、金錢、職涯發展、權力、認可，還是他們想要安逸的生活？如果你能找出他們的目標和動機，就能試著以符合這些目標的方式去呈現你的想法，並強調這個想法的結果將能幫助你的上司。

2／了解他們的決策風格

你的上司如何做決定？他們偏好數字、可靠來源的推薦、其他地方的證據、避免承擔風險、邏輯或情緒？他們會迅速做出決定，還是喜歡仔細考慮一段時間再做決定？

3／讓你的想法向公司的目標看齊

假如你能證明你的想法符合公司當前目標，這肯定有幫助。清楚展現這個建議將如何使整個組織獲益。

4／選擇合適的時機

別在忙碌的一天結束前闖進上司的辦公室，用你的好點子攔住他們，他們很可能會直接拒絕。你可以徵求他們另外撥時間和你討論一個重要議題，順帶提及它能帶來的好處：「明天早上你能撥二十分鐘的時間，檢視可以提高部門生產力的想法嗎？」別在此刻洩露這個想法的實質內容，你需要上司全神貫注，適當地處理它。

5／如果他們不願承擔風險，就推銷風險規避

推銷這個想法的好處，並試著讓這些好處符合你上司的需求和優先事項。表明你已經思考過風險、成本與不利因素。假如你的上司不願承擔風險，不妨強調不實施這個想法的風險：「如果我們不抓住眼前這個機會，其他部門可能會搶在我們前面，取得優勢。」

6／別尋求批准，要求建議

面對某些上司，不向他們簡報完整的計畫，只是說明概念，並要求他們的投入和建議，反而比較好。如果他們偏好討論和塑造事物，而非檢視與批准，就可以這麼做。採用這個方法，能讓你的上司就這個想法形成他自己的版本，進而建功，而你則會默默滿足於知道它其實來自於你。

7／建立支持聯盟

對某些想法來說，最好能在尋求批准之前得到某些初步支持。你需要誰站在你這邊，幫忙推動這個想法？先和這些人聊一聊。「我請教過資訊部門的貝蒂，還有人資部門的鮑伯，他們都認同如果這個想法獲准，我們能備妥資源。」

8／試試公司的建議管道

如果你的上司表現出毫無興趣（而且可能永遠不會感興趣），你還是可以試試公司的正式建議管道，評估者可能會看見這個想法的價值。不管怎樣，它都登記在案，代表它可以公開討論。

9／管它的，先做了再說

利用你私人的時間，把它當成「臭鼬專案」來執行，接著，你可以展示試作品，累積旁人的支持。把它當成既成事實來呈現，大膽擺脫它需要事先批准的想法。

10／辭職

有人說，離職是爲了離開上司，而非工作。如果你的上司讓你的人生很悲慘，何不另謀發展。轉任較高的職位固然更好，但是對橫向思考者來說，橫向移動也是不錯的選擇。有相當多的證據顯示，中階經理人會阻礙創新。因此，如果想讓你的想法成功，就必須找出能得到批准的聰明方法。請繼續努力嘗試，你的組織需要創新者！

58 成為點子傳遞者

身爲橫向思考者，如果你能成爲點子傳遞者，爲他人的事業難題辨識、蒐集與交流新想法，必定能增進你在工作上的成功。

如果你是上班族，你可以爲同事、上司或下屬做這件事。如果你是顧問或業務人員，你可以爲客戶這麼做。如果你是採購者，你可以爲供應商這麼做。在每個情況下，你都能透過幫助他人解決他們的問題，建立起你們之間的關係。

假設你是業務人員，想想你最重要的客戶，他們最迫切的事業難題是什麼？他們的首要考量是什麼？讓他們夜不成眠的憂慮又是什麼？暫時把推銷你的產品這件事擱在一旁，專注在他們的問題和困擾上。在你如常處理其他業務時，隨時留意可能有幫助的想法。也許當你和同事或另一位客戶交談，或是閱讀時，發現可能有幫助的事物，不妨將連結傳給你的客戶，或者將雜誌剪報寄給對方，別忘了附上紙條寫著：「我想起那天我們討論過這個議題，看到這個點子，我想或許能幫上忙。」

無論你的客戶採用或否決這個點子，提出建議這個舉動本身具有幾項重要目的：首先，它讓他們想起你。其次，它顯示你想幫忙解決他們的問題，而不只是想賣出你的產品。第三，它給你後續致電對方的好理由：「那個點子管用嗎？」

如果你提供某個想法給公司內其他部門的經理人，類似的考量也適用。它能提升你的形象，顯示你是個積極、樂於助人的人。這類考量因素有助於你的形象和職涯。

想成爲點子傳遞者，需要具備三個條件：

1 關心別人面臨的挑戰。大多數人樂於訴說他們面臨的事業難題，你可以運用智慧和敏銳的提問將它們打探出來。

2 保持開放、追根究柢的心態，你需要尋找處理事情的新方法和新想法。

3 樂於提供想法，了解事情脈絡，並且以正向的方式溝通。

成為眾人公認總是能提出建議和點子的人。你可以結合下列三件事，建立你的名聲：第一，你能掌握認識的重要人物有何需求。第二，你的專業知識和人脈。第三，你的想像力、橫向思考力，以及看出人事物之間關連的能力。

你可以運用這個組合建構你的獨特賣點。透過將創新的想法從某處傳遞至另一處，幫助客戶、建立人脈，以及發展你的事業。

59 回到未來

有一種適用於領導人的橫向思考技巧是設想未來。如果你正在擘畫重大變革、重要措施、新產品上市或極爲創新的事物，不妨試著撰寫一篇未來的新聞報導。想像這項計畫已經得到驚人的巨大成功，某家重要報社或電視台的記者想交出一篇熱烈讚揚的報導。詳細寫出報導內容，它應當包括：

- 這是多麼意想不到的成功。
- 它給衆人帶來的顯著好處。
- 引用熱心用戶的話。
- 起初遭遇哪些強烈反對，後來是怎麼讓這些人信服的。

- 面臨哪些技術或物流困難，又是如何克服的。
- 這個想法現在是如何被採用、複製和發展。

寫出這份報導，然後跟你的團隊，還有和你一起處理這個專案的人分享它。它應該既有趣，又發人深省。更重要的是，它能幫助你專注在計畫的好處，以及必須克服的挑戰上。它能爲討論提供富有成果的基礎，而且很能鼓舞參與其中的每個人。

當安妮·麥卡伊在二〇〇一年出任全錄執行長時，許多人都很吃驚，包括麥卡伊本人。她不曾經營過任何公司，幾乎沒有財務經驗，過去主要從事業務和人力資源方面的工作。全錄當時面臨嚴峻的財務問題，她的任命新聞公布後，公司股價下跌了一五％，金融市場對她扭轉這頭踉蹌巨獸的能力沒什麼信心。

由於債務堆積如山，顧問催促她宣告破產，但是她決定推動一項戲劇性的振興計畫。她不理會刪減研發費用的建議，她投資創新。她賣掉虧損的單位，裁掉兩萬八千人，大砍行政費用，但不動業務和研發費用。結果她拯救了全錄。

在這痛苦的過程中，她特別重視溝通，爲了宣傳自己對全錄未來的願景，她創作了一篇虛構的《華爾街日報》文章，描述二〇〇五年的全錄。這篇文章被發送給每個員工，務求所有人都能理解公司正朝著哪個方向努力。「我們用彷彿已經做到的口吻，描述我們期望的事物。文章中也包括績效指標，甚至引用華爾街分析師的評論，那眞的是我們希望公司能達成的願景。」麥卡伊說。[49]

全錄的起死回生，建立在重組與引入創新產品和服務。麥卡伊在二〇〇八年獲《執行長》雜誌選爲年度執行長。

相反的方法，則是預想失敗，也就是時間旅行加上事前驗屍。死後驗屍爲的是確定死因，而事前驗屍則是預先料想死亡。比如你正努力爭取一項重大合約的標案，在快下班前，召集你的團隊，告訴他們：「我剛才接到客戶來電，他說我們輸了，但沒說爲什麼。」接著問，他們認爲團隊輸掉的理由是什麼。團隊成員會提出你從未想過的各種問題。現在，你可以按照那些問題的輕重緩急，徹底改善提案。

這種瞞著大家進行的方法也適用於大型專案或變革行動。想像專案失敗了，接著模擬整件事可能出錯的地方，這能幫助你預想並減少問題和障礙。

別待在現在，準備好回到未來。

60 別用「是的，但是……」來否決點子

橫向思考者總是喜歡追根究柢，他們知道新點子只是部分成形，所以他們偏好探索，而非否決。

在我的創意領導工作坊，有個練習是這樣的，參與者兩兩成對，進行簡短的對話。在第一種對話中，A提議可以爲顧客做某件新事物，B則持反對意見，B必須用「是的，但是……」起頭回話。接著，A也用「是的，但是……」反駁B。他們繼續對話，並確保雙方說出的每句話都以「是的，但是……」起頭。

幾分鐘後，他們停止對話，接著展開第二種對話，A提議可以爲員工做某件新事物，B必須用「是的，而且……」起頭回話，幫A提出的主意添加些新東西。A也以「是的，而且……」來回應，讓對話繼續下去。

結果極具啓發性。第一種對話通常會演變成沒有共識的爭執。在商業環境下，權力較大的人通常會贏。第二種對話則會走到各種富有創意且不尋常的地方，它不僅令人愉快，還會帶來有趣的想法。

接著我問這些經理人，哪種對話類型在他們的組織中比較常見，答案總是：「是的，但是……」當我們說出：「是的，但是……」其實就是說「不」。這是辦公室內面對新點子時，迅速、消極、正常的反應。

愛因斯坦說，每一個眞正偉大的點子起初都看似荒謬。愈是不落俗套、顚覆的點子，愈容易找出它的毛病。我們可以透過指出它的某些明顯缺陷，來彰顯自己有多聰明。針對有創意的建議，典型的反應可能是：

- 是的，但是它的開銷太大。
- 是的，但是老闆絕對不會同意。
- 是的，但是我們現在太忙了。
- 是的，但是去年我們試過類似的事，結果行不通。

然而，當我們說出：「是的，而且……」我們會開始把玩這個點子，探索它的各種可能性。「是的，而且……」並非意味著立即贊同，而是代表「讓我們看看這會怎麼發展」。

亞馬遜公司直率地處理這種下意識消極回應的問題，他們推行貝佐斯所謂的「制度上的肯定」。如果你是亞馬遜的經理人，當下屬帶著某個建議來找你，你最初的反應必須是「可以」。如果你想要說「不行」，你必須針對阻止這個點子的理由寫一份報告。亞馬遜設法讓說「可以」比說「不行」容易得多，因而有更多的點子能先被嘗試，而後推行。

如果你的預設反應是：「是的，但是……」不妨改說：「是的，而且……」透過探索瘋狂的點子，而非立即否決它們，在你的事業中展開一場寂靜革命。

61 實驗、實驗、再實驗

如果你所有的偉大想法都只是抽象概念，那麼身爲橫向思考者就沒有意義了。想改變這世界，就必須將某些主意付諸實行。

想想某個大型組織，也許你就是爲某個大型組織效力。如果我問這個組織的領導人：「你想讓員工試驗他們的主意，找到更符合顧客需求的方法嗎？」你猜他會怎麼回答？

大多數領導人的回答是肯定的，也許會謹慎地加上「在合理範圍內」這個條件。他們希望看見員工主動嘗試尋找新的、更好的做事方法。他們明白，如果想要一個眞正創新的組織，就必須放手，授權員工在他們認爲合適時嘗試新事物。這代表鼓勵員工在他們負責的範圍內掌握主動權，並嘗試新事物。許多公司都這麼做，臉書甚至讓程式設計師在某些條件下，嘗試使用直播網站進行實驗。大多數企業執行長都明白這一點，他們看見創新的必要性，也對變化的發生速度感到氣餒。他們希望看見更多實驗和富有創業家精神的活動，以提高企業敏捷度。

現在，想一想這個問題：「員工是否有權試驗他們的想法？」

你會看見幾則有趣但分歧的答案。最高領導人的答案通常是肯定的，但是同一組織中，較低層級的人則會給出否定的答案，他們的說法是：「不行，高層期待我們做好自己的工作。嘗試可能失敗的新事物有點冒險。」員工認爲實驗和冒險都是不被鼓勵的。他們可能聽說過有人嘗試某件事，結果出了大差錯，職涯就此終結的故事。這種觀感可能是錯的，但是在企業文化中，觀感就是現實。

我們知道，實驗可能會帶來偉大的創新。當泰德．霍夫的上司讓他嘗試某個瘋狂點子後，他爲英特爾發明了微處理器。眾人皆知愛迪生進行過好幾萬次實驗。荷亥．歐東反覆實驗，才找到能幫助分娩的新方法。保羅．麥克里迪不斷試飛、墜毀、改進自己的方法，才打造出第一架能成功飛行的人力飛機。

從某種意義上來說，大多數實驗都會失敗，但是你會學到自己以前不知道的事物。順帶一提，下面這份清單是某些成功的產品，它們是實驗和意外的產物：

玉米片、威而剛、可口可樂、按摩浴缸、微波爐、糖精、培樂多黏土、洋芋片、盤尼西林、巧克力豆餅乾、妙妙圈、心律調節器、噴墨印表機、便利貼、簡訊。

你該如何培養積極實驗的風氣呢？首先，給員工廣泛的目標，限定目的，但不規範方法。其次，授權員工進行實驗，讓上司評估他們提出的計畫，給他們時間和空間。第三，鼓勵員工分享經驗，把失敗視爲學習機會。第四，改變你對風險的態度，不必將風險降到最低，而是要管理它。

如果你希望企業敏捷、有創意且創新，那麼，你該遵循的座右銘是「實驗、實驗、再實驗」。

62 樂於接受失敗

如同前一章所述，實驗不免會遭遇失敗，而許多偉大的發明就來自「失敗的」實驗。然而，「失敗」這個詞承載著許多負面意涵。我們的社會慶賀成功，鄙視失敗。橫向思考者必須翻轉這種觀念——樂於接受失敗，並謹慎看待成功。失敗是探索與試驗新想法不可或缺的部分，而成功卻可能孕育自大自滿和厭惡風險。

爲什麼拉斐爾．納達爾（或任何其他偉大的網球選手）會犯下雙發失誤？每個雙發失誤都是失敗，它將寶貴的一分拱手送給對方。只要放慢第二次發球，確保球安全落在發球區中，就能輕易阻絕雙發失誤。然而，在多數的馬拉松式苦戰中，納達爾就像多數其他頂尖好手，會發出至少四次雙發失誤。

這位網球冠軍無疑仔細計算過，他的第二球該大膽出手或謹慎以對。他知道，如果把球安全發進發球區，會讓對手更容易回擊。他想在自己的發球局中贏得高分，因此把雙發失誤當成一種進攻戰術。如果這意味著，多數時候他的發球很難擊回，他也準備好在雙發失誤上丟掉幾分。網球選手在一場比賽中能發出的雙發失誤次數有個最佳數目，而那數目並不是零。

同樣的原則也適用於職場上的你我。謹慎可能是成功的敵人。如果我們嘗試的每件新事物都奏效，那意味著我們不夠大膽。我們應當採取某些勇敢的舉措，有時遭遇失敗。我們應當發出幾次雙發失誤。

在過去三個月中，你嘗試過哪些新事物嗎？列出清單。其中有多少成功了，又有多少失敗了呢？那些失敗的嘗試爲什麼會失敗呢？你能從中學到什麼教訓？你顯然想要成功，想要贏，但是在通往成功的路上，必定會遭遇失敗。如果你阻絕失敗的可能性，也就是限制了成功的機會。

類似的原則也適用於領導人。對於員工採取行動時遭遇些許失敗，應當多加鼓勵。如果你想讓企業文化從舒適且規避風險，轉變成勇於冒險且富有創業家精神，尤其該這麼做。光靠漂亮話是不夠的，領導人需要透過行動，發出有力的信號。

測試一個點子的最佳方法通常不是分析它，而是實際試行。試行大量點子的組織極可能屢屢受挫，但它也很有可能得到某些巨大的成功。透過嘗試無數新措施，能提高我們壓對寶的機率。IDEO的湯姆．凱利是這麼說的：「常常失敗，才能快快成功。」

矽谷爲什麼能成爲高科技產業成長的引擎呢？正是因爲進化論式的失敗過程。科技作家麥克．馬龍是這麼說的：「外人認爲矽谷是片成功之地，但它其實是座墳場。失敗是矽谷最大的優勢，每個失敗的產品或企業帶來的教訓，都會儲存在集體記憶中。我們不認爲失敗是可恥的，我們欽佩它。創投業者喜歡看見創業家的履歷中帶有些許失敗。」

下面是幾則從失敗中取得成功的訣竅：

- 了解兩種失敗之間的差異：光榮的失敗，指的是試行新事物卻沒有成功。無能的失敗，指的是因個人表現失誤，導致經營失敗。
- 由失敗學到的教訓應當與人分享，並且作為改進的起點。

● 體認到當你給人成功的自由，也就是給他們失敗的自由。

談論你的失敗，以及你從失敗中學到什麼。公開讚揚嘗試失敗的人，讓大家知道光榮的失敗不會受到批評。

塔塔集團在它的年度大獎中，展示超過三千項的產品創新，當中「勇於嘗試」這個類別，獎勵的是「沒有達成預期結果，但有成功潛力的無畏嘗試」。該公司一名發言人表示：「過去，我們的集團文化費了太多力氣在談論好消息，我們開會的目的是談論好消息。現在，典範正在改變。員工熱情地告訴我們什麼失敗了，更重要的是，他們了解到失敗的原因。」

在領導者位置上的橫向思考者得用言語和行動，鼓勵實驗，也鼓勵失敗。如果你希望員工勇於冒險、具備創業家精神，就得接受並獎勵英勇的失敗。

PART 6
社會中的橫向思考
LATERAL THINKING IN SOCIETY

63 很酷的橫向點子

生活中有無數的橫向點子發揮作用，解決日常問題。我們現在都把它們視爲理所當然，但是它們當初被提出來時，可能都被視爲有風險、愚蠢或不切實際。以下隨機選出幾則我個人最鍾愛的例子：

1 **問題**：顧客大排長龍，等著雜貨店忙碌的助手服務自己。

橫向點子：麥可．庫倫扭轉了雜貨店的經營方式，讓顧客自己服務自己。他在一九三〇年於紐約皇后區開辦了全球第一家超市——庫倫國王超市。

2 **問題**：一群頑皮的小孩在旅途中不斷搗亂。

橫向點子：帶一包孩子們喜歡的糖果（沒有單獨包裝的），告訴孩子們，抵達目的地時，就可以吃袋子裡的糖果。每當有孩子調皮搗蛋，就把一顆糖果扔出窗外。同儕壓力和損失規避會確保孩子們乖乖不作亂。[51]

3

問題：小偷經常來偷教堂屋頂的鉛瓦。

橫向點子：一位大膽的神職人員將蜂窩高掛在教堂屋頂，並在大門上懸掛「小心屋頂的蜂群」的警示牌。此舉成功嚇阻竊賊，而且蜜蜂生產的蜂蜜也在教堂市集上賣出。

4

問題：一名中國婦女生下同卵四胞胎男孩。不管是她或其他人，都很難分辨誰是誰。他們上學時該怎麼辦？

橫向點子：她把他們的頭髮理出數字1、2、3、4。[52]

5

問題：一對夫妻要去度假，但是擔心停電會毀了冰箱中的所有食物。他們住的地區曾經發生或長或短的停電。假如長時間停電後復電，他們的食物可能因長時間解凍而變質，但是等到他們返家時，食物卻是結凍的狀態，他們要怎麼知道期間有沒有停電呢？

橫向點子：他們在冷凍庫碗裡的大冰塊頂端放了一枚硬幣，如果他們回家時，硬幣還在冰塊頂端，就表示不曾停電，或只是非常短暫的停電。如果硬幣沉到冰塊底部，代表期間曾長時間停電，他們的冷凍食品品質堪慮。

6 問題：一名搖滾女歌手想要不花大錢，就獲得大量的公關宣傳。

橫向點子一：愛黛兒變裝後，參加一項模仿愛黛兒的比賽。在其他歌手使盡渾身解數模仿後，一個名叫珍妮的女子上台，唱得維妙維肖。當其他參賽者意識到眼前這人正是他們的偶像時，他們臉上的表情成就了一個精采的電視節目，讓這節目大受歡迎。

橫向點子二：女神卡卡身穿一襲生肉片裝，出席頒獎典禮。她知道這舉動極具爭議性，所以準備了一套說詞，表示這是為了抗議剝削。新聞曝光量極高。

7 問題：洗衣機很重，運輸成本因此很高。洗衣機裡頭有個沉重的混凝土塊，其功能是在快速旋轉時，保持機體穩定。

橫向點子：用大型空塑膠箱取代混凝土塊。洗衣機送達使用者家中時，再將塑膠箱裝滿水，提供重量。用水取代混凝土，可省下大量成本，減少二氧化碳排放。[53]

8 **問題**：有些人可能會在選舉中重複投票。

橫向點子：凡是領過選票的人，大拇指都得沾上植物染料。

9 **問題**：兩個玻璃杯卡在一起——其中一個卡在另一個裡頭。

橫向點子：在內杯裡裝冰水，並將外杯泡在一碗熱水中。外杯會略略膨脹，兩個杯子就能輕易分開。

10 **問題**：礦產公司戴比爾斯開採鑽石，當作工業用鑽頭。他們該如何處理不適合當鑽頭，或者當鑽頭太小的鑽石呢？

橫向點子：戴比爾斯創造出訂婚戒指這個概念，讓鑽石有了新的用途。這為該公司開闢了一個龐大的全新市場。

11 **問題**：當局已知的塗鴉藝術家被告誡說，如果他們在城市牆面上塗鴉，就會遭到起訴。

橫向點子：他們做了與在牆上塗抹東西完全相反的事——他們移除了某些東西。他們運用鏤空模板和清潔劑在髒汙的牆面上創作，以鏤空的方式留下他們的圖畫和訊息。他們不會被起訴，因為沒有法令規定不得清理髒汙的牆面。

12 **問題**：某個瑞士城市發現它的旅遊景點滿是鴿子，旅客被要求不得餵食鴿子，但無人理睬這項建議，對事態並沒有任何幫助。

橫向點子：該市旅遊局分發一袋又一袋的食物給遊客餵鴿子。這些食物中含有避孕藥，不會傷害鴿子，卻能阻止牠們不斷繁衍。

64 打擊犯罪的橫向思考

二〇〇四年十二月十九日週日晚間，兩群持有武器的人假扮成警察，來到克里斯多夫·沃德和凱文·麥克馬倫位於貝爾法斯特的住家。他們倆都是北愛爾蘭最大銀行——北方銀行的行員。他們的家人被扣作人質，他們被吩咐翌日要如常上班。

沃德和麥克馬倫聽從指示，在翌日傍晚讓劫匪進入銀行。這幫匪徒偷走大約兩千五百萬英鎊現金，其中大多數是北方銀行發行的紙鈔，人質則平安獲釋。後來，警方逮捕了一些人，也追回了部分贓款。警方在科克和都柏林兩地的搜查行動中，找回兩百萬英鎊，另外約有十萬美元的美金現鈔被藏在警察體育協會鄉村俱樂部的廁所裡。雖然許多人認爲這樁劫案是愛爾蘭共和軍所爲，但是罪犯的身分始終無法確認，這宗犯罪仍未破案。

儘管如此，銀行與政府官員在劫案發生後做了一些橫向思考。銀行召回所有流通中的紙鈔，總額大約是三億英鎊。它重新發行了帶有新的銀行標誌和序號且顏色不同的新鈔。首批新鈔從二〇〇五年三月開始流通。凡是持有舊版紙鈔者，必須以舊換新。如果你持有數百萬張偷來的舊鈔，這將是個大問題。當局無法逮到搶匪或找回所有贓款，但是他們確實設法讓大多數的贓物變得一文不值。

密西根州五十二歲女子溫蒂·韋恩在二〇一二年坦承自己在網路上買凶殺人。她被判得在獄中服刑七到二十年。她選擇 RentAHitman.com 犯案，這個假網站媒合想雇用殺手的人。韋恩拜託自稱是圭多·法內利的網站站長，讓她和能殺害她分居丈夫的「外勤特務」取得聯繫。她同意在執行暗殺後，支付五千美元的費用。她的個人資料被送交給警方。其實，這個網站是由加州商人鮑伯·英尼斯所創立。他提供給當局的資訊至今已幫忙保住一百五十人的性命。他在二〇〇五年註冊這個網域名稱當作玩笑，沒想到後來進站流量逐漸增加。RentAHitman.com 準備了一份客戶聯絡表單，宣稱贏得多項行業獎項，而且恪守「一九六四年殺手資訊隱私保護法案」的規範。網站上也有假的滿意顧客見證，包括有個女子說，做掉她出軌的老公後，她已準備好迎接新戀情。[55]

另一個執法的橫向思考例子是，美國聯邦調查局和澳洲聯邦警察在二〇一九年爲了逮捕罪犯，聯手創立一個假的加密聊天服務平台ANOM。這個平台被推銷給犯罪分子，執法單位便能竊聽他們的對話。根據歐洲刑警組織的新聞稿指出，ANOM非常成功，蒐羅的訊息來自一百多個國家的三百多個犯罪集團，其中也包括許多國際販毒幫派。各國警方在二〇二一年檢視來自犯罪分子的兩千七百萬則訊息後，突襲搜查並逮捕了八百人，同時也查扣了八千多公斤重的海洛英、兩百五十支槍、五十五輛豪華汽車，以及價值超過四千八百萬美元的各國貨幣和加密貨幣。[56]

聰明的犯罪分子運用橫向思考，找到搶劫詐騙的新手法。我們也需要利用橫向思考打擊犯罪。

65 揭發戰爭罪行的橫向方法

英國記者暨部落客艾略特・希金斯在二〇一一年想要鑑定來自交戰區域和犯罪現場的影音片段是否爲眞時，開始對公開來源情報方法產生興趣。他發現運用衛星影像可以查核影片拍攝地點，不過這需要很多雙眼睛，檢視所有可能的比對。他在二〇一二年於自己的部落格上發文，並附上來自敘利亞內戰的影片。他和協力者分析了數百支短影片，運用地理定位技術去驗證影片位置的眞實性。他研究影片中使用的武器，能夠證明阿塞德領導的敘利亞政府使用化學武器和集束炸彈。

他在二〇一四年創立嗶令貓（Bellingcat）這個新聞工作者群體，運用公開來源情報調查戰爭罪行和重大事件。他們分析發表在公眾領域的數千份文件和貼文，以便正確識別與核實資訊。起初，團隊所有成員都是不支薪的義工。嗶令貓這個名字來自一則古老故事。一群老鼠飽受一隻貓的欺凌，所有老鼠都同意，如果能在那隻貓的脖子掛上鈴鐺就好了。問題是，沒有老鼠膽敢嘗試這麼做。給貓掛鈴鐺，代表尋釁者無法繼續躲在暗處。

啤令貓的第一樁重大成功是，它調查馬航十七號班機在二〇一四年七月十七日於烏克蘭領空被擊落的事件。機上兩百八十三名乘客和十五名機組員全數罹難。歷經辛苦研究，希金斯和他的團隊證明俄羅斯軍方應爲這樁暴行負責，因爲俄軍發射布克飛彈，擊落了那架班機。他們運用網路上許多來源的照片，追蹤那枚布克飛彈的行進路線，並透過Google Earth驗證地點。在某些情況下，甚至得運用影子長度去辨識那是一天當中的哪個時間。由荷蘭領軍的國際聯合調查小組後來證實他們的發現無誤。

啤令貓找出伊斯蘭國某個訓練營的座標和處決一名美國記者的地點，隨後又繼續揭露發生在敘利亞、葉門和喀麥隆的暴行。在一次重大成功中，啤令貓發現並揭露俄羅斯軍事情報總局的三名探員，正是二〇一八年在英國索爾茲伯里毒殺俄羅斯前雙面間諜謝爾蓋．斯克里帕爾的人。他們的持續成功，惹惱了克里姆林宮，它痛斥啤令貓「造謠」，是西方情報機關的打手。其實，他們是完全獨立的單位，其資金來自獎助金、捐款，以及舉辦收費的公開來源情報調查技能培訓工作坊。

二〇二二年俄羅斯入侵烏克蘭期間，啤令貓非常活躍，它證實俄羅斯使用了集束炸彈。啤令貓的網站不對俄羅斯使用者開放。

啤令貓得到許多獎項和榮譽肯定，它改變了新聞媒體和情報單位如何運用公開來源情報蒐集與驗證各種說法。這些都是希金斯和一群群眾外包的業餘人士，坐在電腦前完成的偉大成就。

66 承認無知和懷疑的價值

我們重視知識和確定性，鄙視無知和懷疑。無知、愚昧是嘲笑他人的形容詞。也許我們高估了知識的重要性，小覷了無知的力量。或者，該說是低估了覺察無知的力量嗎？爲什麼這麼說呢？因爲知識可能孕育確信、自大和思想僵化。我們需要保持開明，甚至該對我們擁有的知識抱持懷疑的態度，因爲昨日被認爲對的事，今天可能不再正確。

二〇一七年，奪走七十二條生命的倫敦格蘭菲塔惡火延燒期間，專家給大樓居民的建議是，留在自己的公寓裡。這是致命的誤導。

教會與《聖經》的權威在中世紀沒有受到挑戰，事物的秩序和成因都是絕對的。當眾人開始懷疑後，才發生了宗教改革和文藝復興。科學革命的基礎是，眾人意識到我們對宇宙眞正的運作方式一無所知。事實上，科學方法的基礎，就是挑戰知識。每一項科學原理都是可以被質疑的一種理論。數個世紀以來，牛頓定律和由此產生的宇宙觀一直是力學和物理學的基礎，直到它受到愛因斯坦相對論的挑戰和更新。

我們似乎比較喜歡對自己和自己的政策有自信的政治領袖。凡是對自己或自己的計畫表示懷疑的政治領袖，就會被嘲笑是優柔寡斷。作家約翰·艾達爾說，領導者說的最重要一句話是：「我承認我錯了。」[57] 但是在極少數情況下，當政治領袖改變主意時，他們會被指責是出爾反爾、大甩尾，或是缺乏信念。但如果那些是錯誤的想法，有信念也沒有價值。史達林和辛巴威前總統穆加比都是爲了堅持錯誤的準則不斷奮進。他們頑固且一心一意，導致他們的人民陷入貧困。我們需要的領袖是願意虛心接受質疑、樂於採納新證據，並準備好改變方向。

戈巴契夫是盡職的共產黨官員，後來高升爲蘇聯領袖。他看見蘇聯體制的許多問題，改變了自己的想法，引進改革重建和開放的激進政策。這導致前蘇聯衛星國獨立，以及一九八九年的柏林圍牆倒塌。

戴克拉克是南非種族隔離時期的末代總統，他曾是種族隔離的積極倡議者，但是後來改變了他的看法，做出勇敢的決定，在一九九〇年釋放曼德拉，讓南非開始轉型爲多種族社會。

我們全都爲確認偏誤所苦，我們會搜尋、回想、偏好肯定我們既有信念的資訊。在充滿激情的議題和根深柢固的立場上，這樣的影響尤爲強烈。它導致我們將模稜兩可的證據解釋爲支持我們的信念。例如，當美國發生大規模槍擊事件時，支持槍枝管制者會把它看成需要限制擁槍資格的證據，但是反對槍枝管制者則會將同一事件視爲需要更多人隨身帶槍，才能迅速制伏攻擊者的證據。同樣的，出現嚴重暴風雪時，有些人會把它視爲氣候變遷的明確證據，其他人則認定它證明了全球暖化是個迷思。

儘管有相反的證據，但是確認偏誤會導致個人對自己的信念過度自信。瑞秋·尼克爾在一九九二年於倫敦溫布頓公地遭到殘忍謀殺。警方請來一位專家建構凶手的心理剖繪，後來警方找到嫌疑犯柯林·史代格，他當時在那裡遛狗，而且符合那份心理剖繪。其實，幾乎沒有任何證據能證明他和這樁犯罪有關連，但警方確信他就是凶手，還精心安排了一個誘導陷阱，鼓勵他供認罪行。這並未奏效，但警方還是將他送審，而法官拒絕受理該案。最後在二〇〇八年，羅伯．納波因殺害尼克爾被定罪。顯然當警方確信史代格有罪後，就拒絕接受相反的證據，確認偏誤便由此開始，導致他們加大力度，對他提起訴訟。

知識是個好東西，不過我們必須接受我們的知識是片面的，它受限於我們的觀點和內在偏見。當領導人認定自己絕對正確，也就是他們最容易犯錯的時候。這世界變動快速，我們的部分信念有可能過時，或者單純昨是今非。我們必須謹慎地看待專家、確定性和自以爲是的正義。橫向思考者會承認自己的無知，傾聽相反的意見，並仔細考慮有疑之處。

67 大自然中的橫向思考

十七年蟬是已知生命週期最長的昆蟲。在美國，這種週期蟬的後代每十七年都會準時出現。幼蟲孵化後會鑽入土中，展開長達十七年的地底蟄伏。整整十七年後，等到地面溫度達到攝氏十八度，牠們就會大量破土而出，羽化爲成蟲。成蟲的生命僅四到六週，牠們在這期間吃喝交配。雌蟬產卵後，這漫長的週期又再次展開。爲什麼是十七年呢？沒有人知道確切的答案，但值得注意的有趣之處在於，十七是個質數。蟬對許多掠食者來說是美味佳餚，牠的天敵包括鳥、老鼠和蜥蜴，在中國，還有人類。假設十七年蟬的生命週期是十二年，那麼生命週期爲二、三、四、六或十二年的任何掠食者都會在牠們出現時大量繁殖。但是質數十七只能被它自己和一整除。

演化已經運作了這麼久的時間，也嘗試過很多變形，它因此產生出若干驚人地聰明且不尋常的生命和生存策略。從這方面來說，十七年蟬採用的方法看起來非常橫向。

雌杜鵑鳥不築巢，而是等待另一對鳥兒蓋好合適的巢，伺機在巢中產下自己的蛋。當這隻雌杜鵑準備好，會從選定的鳥巢中取出一顆蛋吃掉，接著生下一顆蛋取而代之。杜鵑鳥在一個繁殖季中，可以在不同鳥兒的巢中生下最多二十五顆蛋。宿主鳥會將杜鵑鳥的蛋和自己生的蛋一起孵化。可是杜鵑雛鳥在短短十二天後就會孵化，接著表現得冷酷自私，牠會將其他尚未孵化的蛋或幼雛推出巢外，確保自己能從繼父母身上得到所有的食物。杜鵑幼雛的體型通常比牠的繼父母大上許多。等時間到了，牠就會離巢飛走。

河魨移動速度緩慢，卻不是容易對付的獵物。受到掠食者威脅時，牠會利用空氣和水，讓自己的身體膨脹。牠可以把自己吹鼓成平常尺寸的數倍大，並將尖刺伸長至最多五公分長，它還帶有致命毒素。

木蛙具有一種非常不尋常的自行凍結技術。在冬季，木蛙的身體有四〇%會結冰。牠的肝臟中保有葡萄糖，作用就像是一種抗凍劑，因此，儘管木蛙看起來像是凍成硬邦邦的固體，但是牠仍舊活著。在這個狀態下，牠沒有呼吸，血液不流動，心跳也停止。等到氣溫回升，木蛙也會復生。

非洲白蟻會建造驚人的泥土構造，不僅防水，高度還可達九公尺高。這些蟻丘有許多換氣通道，能改善空氣流動，讓內部環境即使在非常炎熱的氣候下，仍舊保持相對涼爽。工程師和建築師研究蟻丘的設計，幫助我們蓋出不用空調也能保持涼爽的住宅。

新鮮創意的最佳來源之一就是自然界。大自然以各種巧妙辦法解決各式問題，因此它往往能針對你的業務問題提供創新對策。貝爾根據人類耳朵的運作方式設計電話，電話裡的膜片就類似耳朵的鼓膜。當醫師想要設計一款更好用的皮下注射針，他們在大自然中尋找靈感，最後根據蚊子的刺吸式口器做出創新的設計。品客洋芋片的設計是仿照潮濕的葉面，彎折成好看的曲線。

前面章節提過，瑞士工程師梅斯卓外出遛狗返家後發現，有許多植物毛刺牢牢黏附在他的衣服和狗兒的毛上。他在顯微鏡下仔細研究這些毛刺，看見它們靠著微小的倒鉤起作用。他將這個點子複製到魔鬼氈的發明上，如今這項產品是全世界廣爲使用的扣合物。

藝術家長久以來都在大自然中尋找靈感，尤其是美術和音樂。醫師、工程師和設計師也是如此。大自然的手法千變萬化，能爲日常問題指引新奇的點子和聰明的對策。

68 藝術中的橫向思考

藝術界有很多新奇想法、全新運動、發展方向的橫向轉變，以及離譜創作的例子。藝術家馬歇爾·杜象在一個男用小便斗上署名，並將它上下顛倒擺放後，提交給紐約某個知名藝術協會在一九一七年舉辦的一場展覽。這個團體的董事會以這不是藝術爲由，拒絕了這件作品。杜象當時也是董事會成員，他決定辭職以示抗議。這件事隨即引發辯論和爭議。後來杜象不但贏得爭論，知名度也因此大開。這個小便斗在二〇〇四年被票選爲二十世紀最具影響力的藝術作品。他無疑確立了「藝術家的創作意圖和素材選擇，讓作品成爲藝術」這個原則。

讓我們想想藝術史上最偉大且最橫向的轉折點——超現實主義。

這個流派的藝術家描繪讓人膽怯、不合邏輯、料想不到的場景，讓潛意識心理能表達自我。安德烈．布勒東是其中的佼佼者，他描述超現實主義的目的是「化解夢境和現實之間的對立衝突，創造出一種絕對的現實，一種超現實」。[58]超現實主義在第一次世界大戰後從巴黎開始，擴展到包括繪畫、寫作、戲劇、電影、時尚和攝影等許多領域。

超現實主義隱含的煽動性想法澈底推翻人類經驗，並且用某種幻想、怪誕且神祕的事物——也就是夢的素材——取代理性的世界觀。「超現實主義」這個詞的意思是超越現實。

西班牙畫家薩爾瓦多．達利是超現實主義的領軍人物之一。他最著名的畫作是《記憶的永恆》，畫中描繪了柔軟、融化的懷錶，繪製於一九三一年。藝術史學家達恩．阿德斯寫道：「柔軟的懷錶是時空相對性的一種潛意識象徵，也是對宇宙秩序固定不變的觀念瓦解的一種超現實主義沉思。」[59]這意味著達利正思考著愛因斯坦新近提出的特殊相對論。當他被問到這是否屬實時，達利以他一貫的方式回答說，這幅畫作的靈感其實來自卡門貝爾起司在太陽下融化的感覺。

畫中的一只錶上爬滿了螞蟻，這是達利用來暗指衰敗。另一只錶上有隻蒼蠅，卻投射出人類的影子。你可以在紐約現代藝術博物館看見這幅傑出的畫作。

達利曾使用許多媒材創作，產出非常多奇特又引人注目的藝術作品。他的《龍蝦電話》便是個知名例子。這是由一部眞實的電話，以及一隻用灰泥製成的豔粉色龍蝦所組成。另一件著名的作品是《梅．蕙絲的紅唇沙發》。顧名思義，這是件超現實主義雕塑，紅色沙發的形狀就像是女星梅．蕙絲的雙唇。

從哥德風到文藝復興、到印象派、到立體主義，再到普普藝術，藝術史上一直出現強大且創新的潮流。但可以肯定的是，沒有任何一個能比超現實主義更激進或更具煽動性。這對世界各地的橫向思考者來說都是一種啓發。

69 遠距合作

在二〇〇一年，班傑明．吉巴德和吉米．坦博雷洛這兩位音樂家想要合寫幾首新樂曲。問題是，他們住在美國西岸的南北兩端，相距數百公里之遙。坦博雷洛創作出一些伴奏後，燒錄在CD上，再透過郵寄，送到吉巴德手上。吉巴德加上器樂和人聲後，再將這些編曲寄回給他的搭檔。這些CD隨著編輯和添加來來往往，直到最後他們累積出足夠出版一張專輯的素材。爲了紀念這種合作方式，他們自稱是「郵政服務樂團」，在二〇〇三年發表的專輯名稱爲《放棄》。它廣受好評，銷售破百萬張。後來又從中選歌，發行了三張單曲。你可以在Spotify上聆聽這些作品。

美國郵政署在二〇〇三年寄給該樂團一封存證信函，主張該樂團的名稱侵害其商標權。但是後來雙方達成互惠協議，美國郵政署允許該樂團使用其商標，換取他們協助宣傳美國郵政署，以及在其年度高層會議上表演。美國郵政署甚至在其網站上販售該樂團的CD。

這類遠距合作的實例還有很多很多。美國饒舌歌手納斯小子跟荷蘭音樂家楊奇歐買下一段伴奏，創作出〈鄉村老街〉這首歌。兩人從未見過面，但是這首歌衝上二〇一九年《告示牌》榜單冠軍。這是鄉村說唱這種革新的音樂類型的範例。

這個啓示很清楚。創意人不一定得在同一個房間，才能就橫向點子與創新進行合作。在使用Zoom和Teams進行視訊會議的年代，你可以如何利用這個想法呢？下面是我稱爲「郵政服務」的腦力激盪法：

你召集一群人，比方六到十人，參與一場Zoom線上會議，說明這項挑戰：我們需要能處理這個問題的好點子。你大略說明好的解決對策看起來應是什麼模樣，並且從結果的角度說明這項挑戰：「我們如何能……？」

接著大家離開線上會議，分別且遠距工作，思考這個題目，並寫下能解決這問題的四個不同點子。我鼓勵大家提出一個安全的點子，一個有創意的點子，還有一個瘋狂的點子。接著把這些點子分配給眾人，每個人拿到四個點子。比方，A從B、

C、D、E分別得到一個點子，大家都從四個不同的人手中拿到四個點子。每個人選出兩個最有希望的點子，接著添加細節和建議，讓它們變得更好。

然後，這群人重新以三人一組進行討論——這在Zoom分組討論室很典型。每一組的成員分享彼此的提案，一共是六份。他們詳細討論這些提案，並選出最好的一或兩個，準備進行簡報。在這個階段，他們可以調整、合併或改進這些點子。接下來，整群人齊聚在視訊會議上碰面，簡報最好的點子並加以討論。最後，這群人投票選出將要試行與落實的點子。

我們需要遠距工作，也需要創新，何不將兩者合而爲一呢？有些人獨處時能想得比較清楚，有些人在團隊中能激發別人的想法，這種方法滿足了兩種取向，我很推薦。

70 對心理健康有益的建議

許多人飽受如憂鬱或焦慮等心理健康問題所苦。這裡有些創意點子，能幫助你對抗這些小毛病，保持並強化你的心理健康。

1／走出戶外

我們絕大多數時間都在建築物內生活，無論是辦公室、商店或住家。找時間去鄉間散步或跑步，體驗身心的變化。英國國民健保署網站指出：「走路是簡單、自由，最容易變得更活躍、減重、變得更健康的活動。」改變所處環境和親近大自然，能提供精神上的刺激。許多人發現，當他們離開辦公室，出門走路，往往能想出最棒的點子。

2／隨機行善

善待他人能讓我們覺得自己很不錯。柳德米拉・蒂托娃和肯農・謝爾登的研究指出：「快樂來自努力讓別人、而不是讓自己覺得開心。」[60]他們在五項調查中發現，努力讓別人開心的策略，比起讓自己開心的策略更有益。試著做些慷慨大方、意想不到的事——甚至是對陌生人。

3／擔任志工

自願幫助他人。運用你的技能幫助年輕人、長者或窮人。梅約醫學中心指出，參與志工活動讓人同時間活動身體，也活動腦袋瓜。研究發現，六十歲以上的成人從事志願服務，對身心健康都有好處。研究也顯示，擔任志工能降低憂鬱和焦慮，這對六十五歲以上的人尤其有效。[61]

4／觀賞喜劇影片

花點時間觀賞你最愛的搞笑影片——鬧劇、幼稚的幽默似乎效果最好。「如果你正經歷悲傷或需要提升能量，觀賞逗趣事物是振奮心情的絕佳方法。微笑和大笑對你的心理健康大有益處。」樂克斯諮詢教育中心的臨床主任黎安·狄霍夫說。

5／寫下你很感激的事

寫下你很感激的所有事物。從基本事物開始，像是健康、住處、受過的教育。接著，寫下你的成就。這份清單愈長愈好，它能讓你合理看待你的問題。書寫這份清單能幫助你建立自尊並降低壓力。每天找出一些值得感謝的事。

6／想像別人的動機是正向的

開車時遇到有人超車，爲他們編造一個故事，也許他們急著送生病的孩子去醫院。當你這麼做，你的憤怒和壓力就會立刻煙消雲散。對別人保持善念，你自己也會感覺比較快樂。

7／打電話給老朋友

一定要花時間和好友相處，但也別忘了找時間更新久遠的友誼。打電話給你學生時期最要好的朋友，聊聊往日時光和近況。我們經常忙著處理眼前的問題，這樣很容易讓珍貴的友誼悄悄溜走。就算得做點小小努力才能維繫友誼，也很值得。

8／尋求協助

男人尤其常把問題往肚裡吞，認爲求助就是示弱。但是如果朋友請他們幫忙，他們會欣然接受。如果你願意向朋友和同事傾吐煩惱，他們可以成爲支持的來源，大家都想幫忙彼此。在問題壓垮你之前，開口求援。

9／接受批評

臉皮要厚一點。如果有人說出讓你難堪的話，別生氣。倘若那是無的放矢，一笑置之就好。假設那批評有幾分眞實，就當它是敦促你改進的提醒。試著別把它視爲對你的人身攻擊，而是對你行為的評論。如果他們心情不好，那是他們的問題，與你無關。

10／讀詩

二〇二一年，有一項針對住院孩童的研究發現，讓孩子有機會讀詩、寫詩，能降低他們的恐懼、悲傷、憤怒、擔憂和疲憊。[62]詩讓我們透過他人的觀點看見這世界和種種煩惱。我們分享他人的感受。在我們沮喪或壓力大的時候，一首詩能帶給我們安慰和鼓舞。有些人發現，寫詩能幫助他們度過低潮。

摘要與總結

我們檢視了一連串橫向思考的原則、實例、故事、方法和謎題。在此簡單總結本書想要表達的一些要點：

1 橫向思考是一種解決問題的方法，人人都能使用它，而它適用於所有領域。

2 大多數的挑戰都有機會找到一種全新且不同的對策。我們應探索眾多的可能性，而非接受第一個出現的想法，或是慣例常規。

3 我們每天、在各種情境下都會做出各式各樣的假設，但是這些假設可能會嚴重限制我們想像全新可能性的能力。

4 挑戰假設的最佳方法是，提出根本的、甚至是天真的問題，比如：「我們為什麼要做這件事？要是完全相反才是對的呢？有沒有更好的法子？」

5 我們可以從偉大的思想家、發明家和創新者得到啓發，並學得教訓。

6 在試著想出對策之前，我們首先應努力充分理解問題。六個僕人能助我們一臂之力。

7 我們可以運用各種適用於團體的方法，幫助自己進行橫向思考。這些方法包括隨機詞、明喻和擲骰子。

8 六頂思考帽和迪士尼策略能讓會議進行更迅速、更有成效，也更樂於思考新想法。

9 許多人會規避風險，傾向從衆，容易有團體迷思。我們應當對這些傾向保持警覺，並準備好用不同的巧妙方法對抗它們。

10 我們可以善用隨機幫助我們橫向思考，看見新的可能性。

11 如果我們想要落實橫向點子，就必須多多實驗。

12 我們得樂於接受失敗，把它們當成一種學習經驗。我們應當學習不斷試飛、墜毀和改進。

現在，我想邀請你秉持開放的態度處理各種狀況，挑戰慣例，思考難以想像的事。從這些故事中汲取靈感，用不同的方式思考，避開那些顯而易見的答案。我們需要更聰明的對策來解決社會各處大大小小的問題。我們需要橫向思考者。讓我們加入這場革命，開始吧。

解答

22／腦筋急轉彎

1 只需要一塊磚就能完成這間房屋。

2 二月——因為二月的天數最少。

3 完全不花任何時間——因為那十個人已經把牆築好了。

4 因為中國人口數遠大於日本。

5 在英國，我們不埋葬活人。

6 午餐、晚餐和消夜。

7 水泥地很難打破的。

8 你的腳——take off有「脫掉」和「離地」兩種意思。

9 十二：一月二日、二月二日……十二月二日——second有「秒」和「每個月二號」兩種意思。

26／橫向思考謎題

1 這架飛機停在美國科羅拉多州丹佛市機場，該地的高度為海拔一．六公里。

2 女人的丈夫有夢遊的習慣，曾在睡夢中打開大門，走到馬路上。她把鑰匙放進冷水中，為的是假如丈夫想從冷水中拿起鑰匙，冰冷的感覺就會喚醒他。

3 男人是幾分鐘前一場致命車禍的肇事逃逸駕駛人。他把車開到停車場，設法讓這輛車看起來像是被竊且被人故意破壞。然後他打電話報警，說自己的車被偷。（這是真實事件，他後來遭到逮捕，鋃鐺入獄。）

4 他是印地安勇士，用狼煙警告族人有騎兵隊接近。

5 因為女人遇上海難，她找到海盜的寶藏，但等了七年才獲救。

6 這個事件據說發生在以阿戰爭期間。由於進口關稅高昂，賓士車在埃及的售價遠高過以色列。在以色列占領西奈半島後，一個聰明的以色列商人意識到，戰後這片土地必定會歸還給埃及，只要把賓士車埋在此處，等到邊界移動後，這些車實際上就出口到埃及了。他的埃及生意夥伴隨後賣掉這些車，賺了一大筆錢。

41/數學問題

1 運用代數計算比例是可行的。不過，橫向思考解答如下：在整個過程的最後，兩杯液體的容量是相同的，因此，不在水杯中的水必定是在酒杯中，反之亦然。也就是說，酒杯中的水跟水杯中的酒一樣多。

2 解決這個問題的無趣方法是去算每一輪的單敗淘汰數字。不過，七十九名參賽者中，有一個贏家和七十八個輸家，每場比賽都會產生一個輸家，所以有七十八場比賽。

3 我們的小蝸牛每天能得到上升三十公分的進展，所以你可能認為答案是三十天才能爬出水井。但那不是正確答案！經過二十七個日夜之後，小蝸牛來到距離井底八百一十公分高的地方，然後在第二十八天，牠爬完最後九十公分，就來到水井頂端，所以正確答案是二十八天。

注釋

1 Edward de Bono. *The Use of Lateral Thinking*, Jonathan Cape, 1967

2 Edward de Bono. *Sur/Petition*, Macmillan, 1992

3 Matthew Syed. *Rebel Ideas: The power of thinking differently*, John Murray, 2024

4 Irving Janis. *Groupthink: Psychological studies of policy decisions and fiascoes*, Houghton Mifflin, 1982

5 Randall Lane. *You Only Have to Be Right Once: The rise of the instant billionaires behind Spotify, Airbnb, WhatsApp and 13 other amazing startups*, Penguin, 2016

6 Job Creators – The Entrepreneurs Network

7 Arnobio Morelix, Chris Jackson and Inara Tareque. Want to be like Silicon Valley? Welcome immigrant entrepreneurs, Kauffman Foundation, 7 October 2016

8 Stuart Anderson. Immigrants, Nobel Prizes and the American Dream, *Forbes*, 14 October 2020

9 Emma Elsworthy. Curious children ask 73 questions each day, *The Independent*, 3 December 2017

10 Alistair Cox. Why you shouldn't always just 'Google it', LinkedIn, 2 November 2020

11 Peter Drucker. *The Peter F. Drucker Reader: Selected articles from the father of modern management thinking*, Harvard Business Review Press, 2016

12 Malcolm Gladwell. Viewpoint: Could one man have shortened the Vietnam War?, BBC News, 8 July 2013

13 Dmitry Shvidkovsky. *Russian Architecture and the West*, Yale University Press, 2007

14 Pagan Kennedy. *Inventology: How we dream up things that change the world*, Houghton Mifflin, 2016

15 Edward de Bono. *Six Thinking Hats*, Little Brown and Company, 1985

16 Steffan Powell. Playtime: Is it time we took 'play' more seriously? , BBC, 13 January 2022

17 Paul Sloane and Des MacHale. *Great Lateral Thinking Puzzles*, Sterling Publishing, 1994

18 Gary Hamel. *Leading the Revolution*, Harvard Business School Press, 2003

19 Selin Malkoc and Gabriela Tonietto. The calendar mindset: Scheduling takes the fun out and puts the work in, *Journal of Marketing Research*, 1 December 2016

20 Taiwan car thieves use birds to collect ransom, *Journal of Commerce*, 23 October 1991

21 Tom Nichols. *The Death of Expertise*, Oxford University Press, 2017

22 Kyle Dropp, Joshua D Kertzer and Thomas Zeitzoff. The less Americans know about Ukraine's location,

the more they want US to intervene, *Washington Post*, 7 April 2014

23 Tessa Berenson. A lot of americans support bombing the fictional country from *Aladdin*, *Time*, 18 December 2015

24 Elizabeth Suhay and James N Druckman. The politics of science: Political values and the production, communication, and reception of scientific knowledge, *Annals of the American Academy of Political and Social Science*, 8 February 2015

25 Eric Abrahamson and David H Freedman. *A Perfect Mess: The hidden benefits of disorder*, Little Brown, 2006

26 Kathleen D Vohs, Joseph P Redden and Ryan Rahinel. Physical order produces healthy choices, generosity, and conventionality, whereas disorder produces creativity, *Psychological Science*, 1 August 2013

27 Tim Harford. *Messy: How to be creative and resilient in a tidy-minded world*, Abacus, 2018

28 Katherine W Phillips, Katie A Liljenquist and Margaret A Neale. Is the pain worth the gain? The advantages and liabilities of agreeing with socially distinct newcomers, *Personality and Social Psychology Bulletin*, 29 December 2008

29 Paul Sloane and Des MacHale. *Mathematical Lateral Thinking Puzzles*, Sterling Publishing, 2015

30 Ernest Dichter. *Handbook of Consumer Motivations*, McGraw- Hill, 1964

31 Daniel Boffey. Swedish firm deploys crows to pick up cigarette butts, *The Guardian*, 1 February 2022

32 Tucker Archer. 5 fast facts your need to know about Sergey Brin, Heavy.com, 8 April 2021

33 Tony Hsieh. *Delivering Happiness*, Grand Central, 2010

34 Tony Hsieh. 'Delivering happiness': What poker taught me about business, *HuffPost*, 26 May 2010

35 Alex Pentland. *Social Physics: How social networks can make us smarter*, Penguin, 2015

36 Bruce Daisley. *The Joy of Work: 30 ways to fix your work culture and fall in love with your job again*, Random House, 2020

37 University of Minnesota. Ceiling height can affect how a person thinks, feels and acts, *ScienceDaily*, 25 April 2007

38 Rebecca Hinds. Why meeting table room shapes matter, *Inc.*, 13 October 2017

39 David Niven. *It's Not About the Shark: How to solve unsolvable problems*, St Martin's Press, 2014

40 Tim Jonze. How to make money from Spotify by streaming silence, *The Guardian*, 19 March 2014

41 Julian Lee. RTA gave the finger to acclaimed pinkie ad, *Sydney Morning Herald*, 31 August 2009

42 Stine Steffensen Borke. The story behind Norwegian Air's 'Brad is single' ad, *Campaign*, 29 September 2016

43 Free eye tests for the Swiss, Bolton News, 28 June 2004

44 Loulla-Mae Eleftheriou-Smith. Ryanair's Michael O'Leary: 'Short of committing murder, bad publicity sells more seats', *Campaign*, 1 August 2013

45 Richard Lloyd Parry. Deadline looming? This writers' café won't let you leave till you're done, *Sunday Times*, 24 April 2022

46 Isabelle Aron. Marmite is opening a pop-up café where 'lovers' eat for free and 'haters' have to pay, *Time Out*, 4 August 2015

47 Vicky Baker. London's first pay-per-minute cafe: will the idea catch on?, *The Guardian*, 8 January 2014

48 Julia Brucculieri. This 'Breaking Bad' coffee shop will feed your caffeine addiction, *HuffPost*, 28 July 2015

49 Lisa Vollmer. Anne Mulcahy: The keys to turnaround at Xerox, *Stanford Business*, 1 December 2004

50 Kevin Freidberg, Jackie Freidberg and Dain Dunston. *Nanovation: How a little car can teach the world to think big and act bold*, Nelson, 2011

51 Kevin Kelly, 103 bits of advice I wish I had known, kk.org, 28 April 2022

52 Daniel Miller. Hair's looking at you kids: Chinese quadruplets have numbers shaved onto their heads so teacher can tell them apart, *Daily Mail*, 7 September 2012

53 Paul Ridden. Concrete-free washing machines are lighter to transport, just as good in a spin, New Atlas, 4 August 2017

54 Amber Ainsworth. Michigan woman who used Rent-A-Hitman in attempt to have ex-husband killed sentenced to prison, Fox 2 Detroit, 13 January 2022

55 Natasha Wynarczyk. Spoof hitman website 'rentahitman.com' helps catch almost 150 would-be murderers, *Daily Mirror*, 9 January 2022

56 800 criminals arrested in biggest ever law enforcement operation against encrypted communication, Europol press release, 9 June 2021

57 John Adair. *Effective Leadership*, Pan, 2009

58 André Breton. *Surrealist Manifesto*, 1924

59 Dawn Adès. *Dalí*, Thames and Hudson, 1982

60 Liudmila Titova and Kennon M Sheldon. Happiness comes from trying to make others feel good, rather than oneself, *The Journal of Positive Psychology*, March 2021

61 Angela Thoreson. Helping people, changing lives: 3 health benefits of volunteering, Mayo Clinic Health Care, 16 September 2021

62 Anna Delamerced, Cia Panicker, Kristina Monteiro and Erica Y Chung. Effects of a poetry intervention on emotional wellbeing in hospitalized pediatric patients, *Hospital Pediatrics*, March 2021

國家圖書館出版品預行編目資料

橫向思考：打破慣性，化解日常問題的不凡工具／保羅．史隆（Paul Sloane）著；陳筱宛 譯.
-- 初版. -- 臺北市：先覺出版股份有限公司，2023.07
304面；14.8×20.8公分
譯自：Lateral Thinking for Every Day
ISBN 978-986-134-463-8（平裝）
1. 水平思考 2. 創造性思考 3. 思維方法
176.4 112008308

Eurasian Publishing Group
圓神出版事業機構
用心與你對話．視野無限寬廣
先覺出版社 Prophet Press

www.booklife.com.tw reader@mail.eurasian.com.tw

商戰系列 237

橫向思考：打破慣性，化解日常問題的不凡工具

作　　者／保羅．史隆 Paul Sloane
譯　　者／陳筱宛
發 行 人／簡志忠
出 版 者／先覺出版股份有限公司
地　　址／臺北市南京東路四段50號6樓之1
電　　話／（02）2579-6600．2579-8800．2570-3939
傳　　真／（02）2579-0338．2577-3220．2570-3636
副 社 長／陳秋月
資深主編／李宛蓁
責任編輯／劉珈盈
校　　對／林淑鈴．劉珈盈
美術編輯／金益健
行銷企畫／陳禹伶．黃惟儂
印務統籌／劉鳳剛．高榮祥
監　　印／高榮祥
排　　版／陳采淇
經 銷 商／叩應股份有限公司
郵撥帳號／18707239
法律顧問／圓神出版事業機構法律顧問　蕭雄淋律師
印　　刷／祥峯印刷廠
2023年7月　初版

定價 370 元　　ISBN 978-986-134-463-8